全国中等职业技术学校汽车类专业教材

汽 车 营 销

人力资源和社会保障部教材办公室组织编写

中国劳动社会保障出版社

简介

本书的主要内容包括：汽车营销基础、汽车市场分析、汽车营销策略、汽车营销流程。

本书由徐斌主编，刘颖副主编，王艳、杨敏、赵永侠、曲金烨、颜宇参加编写，王浩宇主审。

图书在版编目(CIP)数据

汽车营销/徐斌主编. —北京：中国劳动社会保障出版社，2014
全国中等职业技术学校汽车类专业教材
ISBN 978-7-5167-1318-1

Ⅰ.①汽… Ⅱ.①徐… Ⅲ.①汽车-市场营销学-中等专业学校-教材 Ⅳ.①F766

中国版本图书馆 CIP 数据核字(2014)第 176413 号

中国劳动社会保障出版社出版发行
(北京市惠新东街 1 号 邮政编码：100029)

*

河北鹏盛贤印刷有限公司印刷装订 新华书店经销

787 毫米×1092 毫米 16 开本 11.5 印张 242 千字
2014 年 8 月 第 1 版 2023 年 5 月第 15 次印刷

定价：21.00 元

营销中心电话：400-606-6496
出版社网址：http://www.class.com.cn
http://jg.class.com.cn

前　言

为了更好地适应中等职业技术学校汽车类专业教学要求，全面提升教学质量，人力资源和社会保障部教材办公室组织有关学校的骨干教师和行业、企业专家，在充分调研企业生产和学校教学情况、广泛听取教材用户反馈意见的基础上，对全国中等职业技术学校汽车类专业教材进行了修订和补充开发。

本次教材修订和补充开发工作的重点主要体现在以下几个方面：

第一，完善教材体系，更好地满足教学需求。

结合职业院校汽车类专业设置和办学特点，调整并完善了教材体系，与专业通用基础教材相衔接，开发了汽车维修、汽车电器维修、汽车钣金与美容、汽车检测、汽车营销等专业方向教材，构建了“通用基础平台+不同专业方向平台”的教材体系。此外，还针对学校对电控技术、车载网络技术、新能源汽车等高新技术的教学需求，开发了相应的教材。

第二，反映技术发展，适应岗位职业能力需求变化。

随着汽车制造水平的不断提高，汽车维修的内容和工艺发生了相应变化；伴随着私家车保有量的不断增长，汽车营销、汽车美容等相关从业人员的职业能力要求也在发生相应变化。因此，本次修订工作注重在教材中增加新知识、新技术、新材料、新工艺等方面的内容，体现教材的先进性。同时，根据中级工从事相关岗位工作的实际需要，合理确定学习目标，对教材内容的深度、难度做了适当调整，同时注重综合职业能力的培养。

第三，融入先进教学理念，创新教材表现形式。

专业通用基础教材的编写以汽车及其零部件为载体，充分体现专业特色；专业方向教材的编写根据学校教学实际，充分体现一体化教学思路，增加了实训内容在教材中的比重。为了增强教材的表现效果，提高学生的学习兴趣，教材中使用了大量高质量的实物图片，部分教材采用双色或彩色印刷。

第四，开发辅助产品，提供教学服务。

为了方便教学，配套开发了习题册、教学参考书和电子课件。电子课件可通过中国人力资源和社会保障出版集团网站（http://www.class.com.cn）免费下载。

本次教材修订工作得到了河北、江苏、浙江、山东、山西、广东、广西、陕西等省、自治区人力资源和社会保障厅及有关学校的大力支持，在此表示诚挚的谢意。

人力资源和社会保障部教材办公室

2012年7月

目　录

第一章　汽车营销基础 …………………………………………………………… (1)

§1—1　市场营销与汽车市场营销…………………………………………………… (1)
§1—2　我国汽车市场营销的现状及趋势…………………………………………… (11)
§1—3　汽车营销员的能力要求……………………………………………………… (15)

第二章　汽车市场分析 …………………………………………………………… (36)

§2—1　汽车营销环境及汽车消费者购买行为分析………………………………… (36)
§2—2　汽车市场营销调研…………………………………………………………… (45)
§2—3　汽车市场营销预测…………………………………………………………… (58)

第三章　汽车营销策略 …………………………………………………………… (64)

§3—1　汽车营销品牌策略…………………………………………………………… (64)
§3—2　汽车营销价格策略…………………………………………………………… (73)
§3—3　汽车分销渠道策略…………………………………………………………… (81)
§3—4　汽车营销促销策略…………………………………………………………… (89)

第四章　汽车营销流程 …………………………………………………………… (126)

§4—1　销售前的准备………………………………………………………………… (126)
§4—2　销售过程管理………………………………………………………………… (132)
§4—3　销售后工作…………………………………………………………………… (158)

第一章　汽车营销基础

§1—1　市场营销与汽车市场营销

学习目标：

1. 熟悉市场、市场营销的概念。
2. 掌握汽车市场营销的相关概念和理论知识。

一、市场及汽车市场的概念

1. 市场

市场是买者和卖者聚集在一起进行商品交换的场所，是社会分工和商品交换的必然产物。从营销的角度看，市场在形式上表现为物与物的交换，实质上体现着供需双方的经济利益关系，由于商品交换直接取决于市场上的供求关系和信息的沟通结果，所以市场又是一种经济调节机制和运行方式。市场的含义随着商品经济的发展而得到不断丰富和充实，一般可以理解为：

（1）市场是人们进行商品交换（买卖）活动的场所。

（2）市场是建立在社会分工和商品生产基础之上的商品交换关系。

（3）市场是某项商品或劳务的所有现实和潜在的购买者。

（4）市场是商品交换关系的总和。

根据不同的标准，市场可以划分为多种类型。按照地理位置来分，可以分为国内市场和国外市场；按照流通环节来分，可以分为批发市场和零售市场；按照经营对象来分，可以分为商品市场、劳务市场、技术市场、金融市场、信息市场等；按照商品用途来分，可以分为消费品市场和工业品市场；按照产品或者服务供给方的状况来分，可以分为完全竞争市场、完全垄断市场、垄断竞争市场和寡头垄断市场；按照消费客体的性质来分，可以分为有形产品市场和无形产品市场；按照消费主体的身份及其购买目的来分，可以分为消费者市场、生产者市场、中间商市场、政府市场等。

【阅读材料】

市 场 起 源

《周易·系辞》就市场的起源写道："神农日中为市，致天下之民，聚天下之货，交易而退，各得其所。"司马光在《资治通鉴》中也说："神农日中为市，致天下之民，聚天下之货，交易而退，此立市始。"这两种说法都认为原始市场是从神农氏的时代开始出现的，但神农是传说中的上古帝王，不一定实有其人。不过有一点可以肯定，我国古代社会进入农业时期，社会生产力有了一定发展后，先民们就开始有了少量剩余产品可以交换，因而产生了原始市场。“市”在古代也称作“市井”，这是因为最初的交易都是在井边进行的。这样做有两点好处，一是解决商人、牲畜用水之便，二是可以洗涤商品。

2. 汽车市场

汽车市场是指将汽车作为商品进行交换的场所，是汽车的买方、卖方和中间商组成的一个有机整体。汽车市场中交易的商品可以是新车，可以是汽车配件，也可以是二手车，甚至可以是维修服务、汽车用品、汽车金融产品等。汽车市场可以分为狭义的汽车市场和广义的汽车市场。狭义的汽车市场是指有形市场，即汽车交易的场所，其类别和特点如下：

(1) 汽车品牌专卖店。特点：在同一专卖店中销售同一品牌的汽车。

(2) 汽车超市。特点：代理多个品牌的汽车。

(3) 汽车大道。特点：集汽车交易、服务、信息、文化多种功能于一体的场所。

广义的汽车市场是指有形市场和无形市场的总和。现代经济中，市场已经不单指具体商品交易的场所，商品交易过程由于通信、运输等的发展而突破了时间、空间的限制，交易方式也日趋多样化。

通过互联网销售汽车是一种新兴的销售形式。最先应用网上售车模式的是以福特、通用为代表的美国公司，随后是以丰田为代表的日本和欧洲企业。通过电子商务，汽车的销售渠道被大大缩短，节省了大量的人力、物力、财力，使销售成本和库存得以降低。现在美国通过互联网销售的汽车数量已占美国全年汽车总销售量的6%左右。

二、市场营销与汽车市场营销

1. 市场营销

(1) 市场营销的概念

美国西北大学教授菲利普·科特勒将市场营销表述为：“个人和集体通过创造产品和价值，并同别人进行交换，以获得所需所欲之物的一种社会活动和管理过程。”概念中包含了需要、欲望和需求，产品和服务，价值和满意，交换和交易，关系和网络，市场和营销，信息和沟通等一系列的内涵。

1) 强调所进行的市场营销活动必须以满足人们的需求为导向，任何市场活动都以最大化地满足消费者的各种需求与欲望为目的。

2) 需要的满足必须依靠满意的产品，满意的产品是价值和满意度的体现。它能够更有效地提高实现交换的可能性。当然产品不仅仅是指那些看得见的物质产品，也包括那些能够使人们的需要得到满足的服务或者创意等无形产品。

3) 实现需求的满足是通过市场营销者采取积极有效的策略和手段促进市场交易来实现的。若站在市场营销者的角度来看，市场营销包括了市场调研、市场定位、产品开发、产品生产、销售和售后服务等所有阶段在内的所有组织和管理的过程。

(2) 4P 营销理论的概念及应用

1) 4P 营销理论的概念

4P 营销理论产生于 20 世纪 60 年代的美国，是随着营销组合理论的提出而出现的。1967 年菲利普·科特勒在《营销管理：分析、规划与控制》中提出以 4P 为核心的营销组合方法，即产品 (Product)、价格 (Price)、渠道 (Place)、促销 (Promotion) 4 大理论要素，认为如果企业的营销组合中包括生产适应市场的产品，制定合理的价格，采用适当的渠道策略，运用有效的推广措施，那么这将是一套成功的营销组合，它能够使企业的营销目标更容易实现，如图 1—1—1 所示。

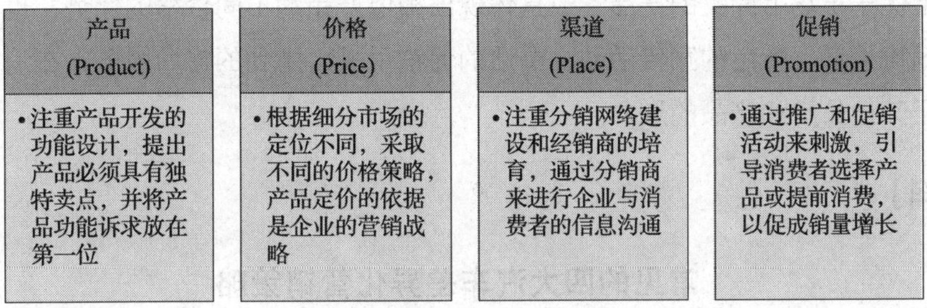

图 1—1—1　4P 营销理论

【阅读材料】

20 世纪 60 年代，福特、通用等世界知名汽车企业在营销思想上率先开始运用 4P 这一专业化营销工具。

1964 年，美国福特野马车上市就系统采纳了整合营销的沟通手段，整个上市从四个角度进行整合。第一是组织了 100 多名记者进行一场汽车大赛，使记者们在动态中感受野马车的优点。第二是在全美发表了 300 多篇关于野马车的介绍，其中特别成功的是，动员了时代杂志和商业周刊把野马车上市作为封面专题。第三，在全美 200 多家杂志、报纸刊登了野马汽车的整版广告。第四，购买了美国主要机场和全国 200 多个五星级酒店的展示厅，摆上新汽车。结果野马车一上市就先声夺人，赢得了消费者的喜爱，取得了巨大成功，一举成为该年度的第一销售车型。

2) 4P 营销理论的应用——差异化营销

①差异化营销的概念。站在市场营销的角度来看，差异化营销是指企业面对现有市场的特点，向消费者提供与其他竞争企业不同的产品和服务，并制定和实施相应的产品策略、价格策略、渠道（分销）策略以及促销策略。

②差异化营销的核心过程。差异化营销不是某个营销层面、某种营销手段的创新，而是产品、概念、价值、形象、推广手段、促销方法等多方位、系统性的营销创新，并在创新的基础上实现品牌在细分市场上的目标聚焦，取得战略性的领先优势。

差异化营销的核心过程是：在细分市场的基础上，根据目标市场尚未满足的需求进行消费者定位、产品定位和竞争定位，制定相应的差异化市场营销组合策略，在实施过程中树立与其他竞争产品不同的形象，并赋予品牌新的价值。

市场需求是多样化的，不同的消费者具有不同的爱好、个性、价值取向，以及不同的收入水平和消费理念等，从而决定了他们对产品品牌有不同的需求侧重。而通过对目标市场实施差异化的营销组合策略，能够赋予品牌和产品独特的价值，树立鲜明的形象，建立品牌的差异化和个性化的核心竞争优势。

③差异化营销战略。对于一般商品来讲，差异总是存在的，只是大小、强弱不同而已。而差异化营销战略所追求的“差异”是企业凭借自身的技术优势和管理优势，生产出在性能、质量上优于市场上同类的产品，或是体现出相似产品的不同价格的优势；也可以通过建立不同的销售渠道、特色的宣传活动、灵活的促销手段、周到的售后服务，在消费者心目中树立区别于其他品牌和产品的形象。

【阅读材料】

常见的四大汽车差异化营销策略

一般来说，常见的汽车差异化营销策略主要有品牌差异化、产品差异化、服务差异化以及渠道差异化。

一、品牌差异化营销策略

品牌差异化的营销策略主要是通过品牌影响力与号召力实现的，一般来说，品牌可分为强势品牌和弱势品牌。强势品牌是把消费者的利益与品牌的核心价值建立一个必然的联系；弱势品牌主要是强化消费者获得同样利益的投资成本。

二、产品差异化营销策略

产品差异化主要表现在：价格差异化、外形差异化、产品功能与配置差异化。

三、服务差异化营销策略

在品牌分化趋势更明显的情况下，服务差异化成了很多企业塑造良好形象的主要途径，这也是企业销售人员与顾客比例不断提高的主要原因。

四、渠道差异化营销策略

渠道差异化主要是指分销渠道的差异化，要做到渠道差异化可从渠道策略、渠道设计、渠道建立、渠道管理、渠道维护、渠道创新等方面进行差异化的建设。

(3) 市场营销学的形成和发展

1912 年，美国哈佛大学赫杰特齐（J. E. Hegertg）教授的著作 *Marketing* 被认为是把市场营销学作为独立学科的标志。

真正的现代市场营销学是二战后在美国形成的。销售在理论上发生了重大变革，研究的范围突破了流通领域，它慢慢与企业生产经营的整体结合起来，研究的重点转化为买方市场条件下的企业经营活动，形成了以市场需求为中心的现代营销观念和一系列指导现代企业经营的战略和方法，在许多现代企业得到了广泛的运用和传播。从市场营销学的发展过程和研究内容来看，有以下几个显著特点：

1）经验性。指市场营销学的全部内容几乎都是成功与失败企业的经验、教训总结，是在实践分析的基础上逐步发展起来的。

2）实践性。指市场营销学除了其内容及理论、方法来源于实践经验外，研究目的也是为了指导企业的营销实践，并在实践应用当中得到不断充实、丰富和发展。

3）综合性。市场营销学的理论基础是经济学，而在其阐述和发展过程中，进一步与心理学、社会学、统计学、会计学、管理学等相互结合、相互交叉、相互渗透，吸收和运用了这些学科的有关理论与成果。因此，它又是一门综合性的学科。

【能力训练】

在以消费者为核心的市场竞争中，随着市场经济的发展和消费者需求的变化，企业将面临消费者形态差异大的挑战。在对“以消费者为中心”营销思路的深入研究中，营销学者对此提出了新的营销要素：1984 年，美国著名的市场学家菲利普·科特勒提出大市场营销理论，称为“6P”理论；20 世纪 80 年代，随着消费者个性化日益突出，市场竞争日趋激烈，美国的劳特朋提出了“4C”营销理论，传统的 4P 理论开始逐渐受到现代 4C 理论的挑战；美国的舒尔兹提出了“4R”（关联、反应、关系、回报）营销新理论，产生了一个全新的营销四要素。

查阅相关资料，谈谈新的营销要素的具体内容及特点。

2. 汽车市场营销

(1) 汽车市场营销的概念

汽车市场营销是汽车企业为了最大限度地满足市场需求而利用自身资源，采取专业的策略和方法对汽车市场进行调研和预测，判断消费者目前和未来的需求，并按这种需求指导汽车企业进行汽车研发和生产，提供符合消费者需求的汽车产品，再通过销售和售后服务实现与消费者之间价值交换的全部经营管理过程。

简而言之，汽车市场营销就是企业针对汽车消费群体的需求，采取一系列生产经营活动，实现这一需求并创造企业商业利益和价值的全过程。理解这一概念需要把握以下几个行业特性：

1）汽车市场营销的核心仍是消费者的需求。以顾客的观点来衡量汽车产品的价值是汽车企业进行一切经营活动应该遵循的指导思想和行为准则。通过调查、分析和预测消费者的需求才能准确地把握目标群体的特性，才能使企业有正确的经营方向，正确地实施经营管理活动，以最优质的产品、最合理的价格满足消费者需求。

2）汽车产品的技术性和质量要求较高。汽车产品具有使用寿命较长，且购买的成本和维修的代价较高的特点，这就决定了产品需要较高的技术支撑，才能保证汽车产品具有较好的质量，才能够有长期、持续的使用性能。而汽车企业往往也将技术和保证质量的经验和创新作为市场营销活动中的核心竞争力加以培养。

3）汽车市场营销具有持续性的特点。与其他行业有所区别的是：汽车产品的一次性购买只是构建消费者长久关系的开始，企业在通过售前、售中、售后等一系列服务满足消费者需求的同时，也建立了与消费者长久的沟通关系，而这一系列产业链服务中的各环节不但可以持续地给企业带来经济效益，同时也可达到建立客户忠诚度和品牌传播的目的。

（2）汽车市场营销的内涵

汽车市场营销主要研究汽车企业如何在动态的市场中根据消费者的动态需求有效地生产产品和管理其汽车产品的交换关系和交换过程，以达到提高经营效果，实现企业一定时期内的战略目标。其主要包含以下三个方面内容：

1）了解宏观环境和市场环境，分析和预测市场动态，识别汽车消费群体潜在的欲望和需求，选择和确定企业所要提供产品和服务的消费群体，并判断这一群体产生的市场需求量的大小，以便更好地服务于这一目标市场。

2）根据这一群体的消费需求指导产品设计开发、技术创新、产品配置、包装等生产过程，生产出合适的汽车产品。

3）制定合理的产品价格，选择适合的物流和销售渠道，并根据企业现有的资源合理地进行有效的产品推广和促销活动，使汽车产品能够以最合理的价格和最便捷的方式，把适销对路的汽车产品送到客户手里，从而实现产品良好的、持续性的销售和服务，实现产品价值。

（3）汽车市场营销观念

市场营销观念是指企业营销活动中的指导思想。商品经济发展的阶段不同，市场营销观念也不同，可以说它在一定程度上反映了经济发展的客观要求，并随着社会经济的发展和市场形势的变化而发展变化。

汽车市场营销观念是随着汽车市场的形成而产生的，它的发展大致经历五个阶段，即生产观念、产品观念、推销观念、市场营销观念和社会营销观念。其中，生产观念、产品观念和推销观念合称为传统营销观念，是“以企业为中心的观念”，而后两种观念则合称为现代营销观念，分别是“以顾客为中心的观念”和“以社会长远利益为中心的观念”。

1）生产观念

生产观念是在卖方市场条件下产生的，是指导销售者行为的最古老的观念之一。在生产观念支配下的企业总以为自己所生产的就是消费者所需要的，消费者会乐意购买企业所供给的产品。企业只关注生产什么、能供给什么或什么能供给。在资本主义经济发展的初期阶段，由于生产力水平较低，社会商品难以满足广大消费者的需求，因此，生产企业在市场中居于有利地位，社会消费处于一种由生产创造需求的局面。此时，生产企业的经营活动着重于降低产品成本，努力开发新的产品。消费者的购买行为取决于生产者能否供应某一产品及该产品的价格是否低廉。这样，企业经营人员的首要任务是提高生产和销售中的工作效率。

这种营销思想必须具备以下两个条件：

①社会上某一产品供不应求，生产者设法增加产量。

②产品成本过高，使生产者尽力提高生产效率以降低单位产品成本，从而降低产品销售价格。

【阅读材料】

福特汽车公司成立于1903年，第一批大众化的福特汽车因实用、优质、价格合理，受到了市场的欢迎。1908年初，福特根据当时大众的需要，做出了战略性的决策，致力于生产规格统一、品种单一、价格低廉、大众需要且买得起的汽车。1908年10月1日，采用流水线生产方式的、著名的T型车被推向市场，如图1—1—2所示。

图1—1—2　福特公司T型车

此后十多年，由于T型车适销对路，销量迅速增加，供不应求，福特汽车公司在商业上取得了巨大的成功。到了20世纪20年代中期，随着美国经济的快速增长和百姓收入的增加、生活水平的提高，汽车市场发生了巨大的变化。买方市场在美国已经基本形成，道路及交通状况也发生了质的改变，简陋而又千篇一律的T型车虽然价廉，但已经不能满足消费者的消费需求。然而，面对市场的变化，福特汽车公司仍然自以为是，置消费者的需求变化于不顾，顽固地坚持生产中心的观念，就像其宣称的“无论你需要什么颜色的汽车，福特只有黑色的”，这句话也成了营销观念僵化的“名言”。面对市场的变化，通用汽车公司及时地抓住了市场机会，推出了新的式样和颜色的雪佛兰汽车，一上市就受到消费者的追捧，而福特T型车的销量剧降，1927年销售了1 500多万辆的T型车不得不停产，通用公司此时乘势而上，一举超过福特汽车公司，成为世界最大的汽车公司。

2）产品观念

产品观念是一种较早的企业经营观念。产品观念认为，消费者最喜欢高质量、多功能和具有某种特色的产品，企业应致力于生产高质量产品，并不断加以改进。它产生于市场产品供不应求的“卖方市场”形势下。最容易滋生产品观念的场合，莫过于当企业发明一项新产品时。此时，企业最容易变成“市场营销近视”，即不适当地把注意力放在产品上，而不是放在市场需要上，在市场营销管理中缺乏远见，只看到自己的产品质量好，看不到市场需求在变化，致使企业经营陷入困境。

【阅读材料】

被誉为世界豪华车之王的英国“劳斯莱斯”汽车（见图1—1—3），从诞生之日起就是名贵身份与地位的象征。最初的劳斯莱斯与其竞争对手相比具有两大特点：制造工艺简单、行驶时噪声极低，这两大优势很快就成为劳斯莱斯的经典特征。第一辆真正的传奇之作“银色幽灵（silver ghost）”诞生于1906年，它首次露面于巴黎汽车博览会，其金色钟顶型散热器非常引人注目，直到今天，这一造型依然是劳斯莱斯不可替代的设计元素。除了独特的外观，“银色幽灵”还拥有领先于时代的技术：强制润滑，7升六缸发动机输出功率可达48马力，最高车速达110公里/小时，这在当时是一项世界纪录。

图1—1—3　劳斯莱斯 古思特 2010款 6.6T标准版

劳斯莱斯一直在追求自己的豪华，其豪华不仅体现在价格方面，还实实在在地体现在其质量和工艺上。全新的劳斯莱斯更是融经典劳斯莱斯与21世纪高科技于一身，在细节上苛求极致的完美。同时因手工艺的繁多和客户的个性预订要求，劳斯莱斯几乎不可能生产两辆一模一样的车。为了迎合车主的尊贵感，劳斯莱斯还严格控制新车的供给量，使想购车的消费者要在预订半年甚至更长时间后才能拿到车。

在广告方面，劳斯莱斯广告成功地抓住了上层阶层显示自己的成功、地位和身份的欲望，广告内容及形式尽显其尊贵形象。

3）推销观念

推销观念，或称销售观念，产生于20世纪20年代末至50年代前。推销观念更倾向于将经营活动的重心移向推销，注重推销技术和推销队伍建设，一味认为产品不是被顾客买去的，而是由企业卖出去的。因此，企业的主要任务就是解决如何把产品卖给顾客的问题。以推销观念作为企业经营的指导思想，企业的一切经营活动都要围绕着产品进行。企业使用可获得的各种资源，提供最佳的产品，然后在市场上寻找对该产品感兴趣的消费者，再通过大规模促销，说服消费者购买。与生产观念、产品观念一样，推销观念也是建立在“企业生产什么就卖什么”的基础上，都属于“以产定销”的模式。

4）市场营销观念

市场营销观念是作为对上述诸观念的挑战而出现的一种新型的企业经营哲学。这种观念以满足顾客需求为出发点，即“顾客需要什么，就生产什么”。尽管这种思想由来已久，但其核心原则直到20世纪50年代中期才基本定型。市场营销观念认为，企业的产品仅仅是由于消费者需要才会被他们买去，企业经营目标的实现离不开对消费者需求的识别，有赖于其能比竞争者更有效地使这种需求得到满足。因此，企业的一切经营活动应围绕的中心是消费者的需要和如何满足消费者的需要。

市场营销观念与推销观念是两种不同的观念。推销观念采取的是一种由内及外的观察方法，先从企业现有生产和产品出发，再施以推销攻势增加产品销量。而市场营销观念采取的是一种由外及内的观察方法，先从市场需求识别开始，聚焦于顾客需求，然后协调营销活动，重点包括战略决策和策略实施，以达到经营目标。营销观念可概括为：“公司对所有足以影响顾客满意程度的活动进行协调，并创造和维持顾客的高满意度而使公司获利。”

营销观念的具体表现方法是多种多样的，例如，“发现需求，再满足需求。”“顾客需要什么，就销售什么。”“生产适销对路的产品，而非设法销售能够生产的产品。”企业的经营思想开始发生根本性的质变，从“以产定销”转变为“以销定产，适销对路，产销结合”。

【阅读材料】

日本本田汽车公司要在美国推出一款雅阁牌新车（见图1—1—4）。在设计新车前，公司派出工程技术人员专程到洛杉矶地区考察高速公路的情况，实地丈量路长、路宽，采集高速公路的柏油，拍摄进出口道路的设计。回到日本后，专门修建一条9英里长的高速公路，就连路标和告示牌都与美国公路上的一模一样。在设计行李箱时，设计人员意见有分歧，他们就到停车场观察了一个下午，看人们如何取放行李。这样一来，意见马上统一起来，结果本田公司的雅阁牌汽车一到美国就备受欢迎。

图1—1—4 日本本田雅阁汽车

5）社会营销观念

社会营销观念出现于20世纪70年代，作为一种新观念，它的形成主要是为了修正、完善与发展市场营销观念。根据社会营销观念，在进行市场营销决策时，企业不仅要考虑到消费者的利益，而且要兼顾企业自身的利益和社会的利益，三者利益要达到有机、和谐的统一。社会营销观念的基本原则包括以下几方面。

①研究营销学的根本目的是帮助生产者更好地销售产品，消费者更好地购买产品，政府部门更好地履行管理职能，从而使市场机制日益健全，保证市场能够畅通的运行。

②企业外部的各类经济和非经济的团体，如政府部门、保护消费者权益团体等，都应参与购买方的决策过程。

③生产者不仅要满足消费者的需求，更重要的是指导正确的消费行为，为消费者的长期利益服务。

④生产者不宜过多地细分市场去生产无本质差别的产品，而应根据消费者的基本需求类型进行产品生产。

⑤采纳并运用社会营销观念，可以最大限度地提高人们的生活水平，实现营销的基本目的。

【阅读材料】

丰田开展“环保之旅”

近年来，中国以火箭般的速度由单纯的汽车制造基地转变为巨大的汽车消费市场。来自世界各地的厂商瞄准中国消费市场发动一轮又一轮的销售冲锋，但在中国汽车业高速发展的光环背后，尾气排放引发环境污染、能源紧缺的问题也逐渐显现。当刺激的价格战不再是促进消费者购买决策的唯一途径时，品牌的魅力便发挥着越来越大的作用。政策倾向、消费者环保意识增强、中国新能源汽车市场的商机日渐明显，这些因素都促使国际汽车制造商纷纷在中国市场发动以环保为重点诉求的品牌攻势。

日本丰田公司尽管不是最早提出环保理念的汽车制造厂商，但在品牌的环保宣传方面，丰田汽车早就展开了品牌“环保之旅”，成为汽车环保意识觉醒的受益者。宣称“没有环保就没有汽车的未来”的丰田汽车公司，自2003年起开始推广“今天、明天、丰田（Today，Tomorrow，TOYOTA）”系列广告。该广告以开阔的绿色环境中飞驰的车影，与蓝天、白云、草地融为一体的汽车等场景，直接体现其产品的环保特征。同时，丰田与中国汽车技术研究中心联合开展关于混合动力车的研究，将混合动力车引进中国。

专家分析，混合动力车有可能成为未来国内汽车市场销售的主要车型，而蛰伏着的丰田正是看准了中国新能源汽车市场的巨大商机。

§1—2 我国汽车市场营销的现状及趋势

学习目标：

1. 了解我国汽车市场的形成过程。
2. 熟悉我国汽车市场的特点。
3. 掌握我国汽车市场营销的现状及发展趋势。

一、我国汽车市场的形成过程及特点

1. 我国汽车市场的形成过程

我国汽车市场的建立与发展是与我国汽车工业的发展相对应的，党的十一届三中全会以后，我国汽车工业的产销系统由较为封闭的状态转为开放的系统，汽车生产的市场导向取代了计划指导。随着经济的不断发展，消费者的需求内涵和层次不断提高，今天的中国汽车市场已发展成为世界上资源吸引力最大、新技术应用最快、企业竞争最激烈的大舞台。但是，由于其需求层级较多、区域发展不均衡、消费文化复杂、消费潜力特别大，使之与世界上任何一个成熟的市场有着明显的不同。我国汽车市场的形成过程大体可分为如下三个阶段。

（1）孕育阶段

从 1978 年宏观经济体制开始转轨，到 1984 年城市经济体制改革着手实施，这 7 年是我国汽车市场的孕育阶段。从汽车产品的流通看，这一阶段严格地控制，以防出现局部松动，但仍具有较浓厚的计划色彩。

（2）诞生阶段

从 1985 年以后，市场机制在汽车产品流通中的作用日益扩大，并逐步替代了传统的计划流通体制，汽车流通的双轨制向以市场为主的单轨制靠拢，市场机制开始成为汽车产品流通的主要机制。这一阶段的特点是正面触及旧体制的根基——计划分配体制，大规模缩减指令性计划，大面积、深层次地引入市场机制，为形成汽车市场创造了条件。至 1988 年，国家指令性计划只占当年国产汽车产销量的 20%，1993 年进一步下降到 7%，并已在上海、天津建立了全国性的汽车交易市场和零部件市场，在全国还建立了不少汽车自选市场、展销市场等有形市场。

（3）市场主体多元化成长阶段

这一阶段是从 1994 年开始的市场经济阶段。在此阶段，起决定作用的是市场机制，形成汽车销售部门大、中、小并行，厂家、物资部门、汽车销售系统和汽车交易市场并举，国有、集体、个人等多种所有制形式并存的格局。汽车销售方式以代理制、有形市场和四位一体的专卖店为主。同时汽车消费贷款、租赁、汽车超市、因特网销售方式逐渐扩大。这时的汽车市场基本上是买方市场，经销商的服务意识逐步增强。

2. 我国汽车市场的特点

(1) 市场总需求快速增长，轿车增幅尤为突出

我国的汽车拥有量和汽车产量在近 20 年的时间里都有较大幅度的增长，尤其是私人轿车拥有量所占民用汽车拥有量的百分比逐年提高，汽车用途已经从生产资料占主导转变为消费品占主导。汽车的拥有量反映出汽车市场的需求状况，可以作为汽车市场需求的指标；而汽车的产量则可以反映出汽车市场的供给量，可以作为汽车市场供给的指标。一个市场的繁荣，与市场的供给和需求是密切相关的，从我国汽车市场来说，供给量和需求量都大幅增长。

(2) 销售渠道向二、三线城市转移

伴随着我国城镇化进程的加快，大中城市私家车趋于饱和，车市销售重心下移已成为大势所趋。相关统计数据显示，许多二、三线城市的汽车市场增长率已超过 30%。在二、三线城市不断显露的巨大消费潜力面前，接踵而来的大城市治堵政策无疑起到了助推的作用。向来都把重心放在一线城市的车企不得不加大对二、三线城市市场渠道的扩展力度，甚至宝马、奔驰等豪华品牌企业，也纷纷表示将转战二、三线城市市场。

(3) 市场环境和市场秩序逐步规范

长期以来，我国汽车工业发展的市场环境和政策条件并不理想，如汽车税费不合理、各地的市场保护和限制政策、城市基础设施和交通管理滞后、汽车保险市场混乱、汽车售后和维修服务市场经济差距悬殊等，这些都造成了汽车有效需求不足，从而限制了我国汽车工业的大发展和汽车销售的增长。随着市场体系的健全和规范，有关汽车市场方面的法律、法规也日趋完善，汽车尾气排放标准和汽车认证制度的制定、汽车召回制度的建立，汽车市场的环境和秩序逐步规范，将推动汽车市场的进一步发展。

(4) 汽车交易和消费行为趋于理性化

汽车消费结构从以公车消费为主转变为私车消费为主，汽车市场也从供不应求到供过于求，我国的汽车市场已经由卖方市场转变为买方市场，使汽车交易和消费行为趋于理性化。一方面，汽车生产和销售企业越来越关注消费者的需求，并努力满足消费者的需求；另一方面，消费者的心理也日趋成熟，在购买时能做出理智的分析和选择，冷静地对待购买、使用和消费环节，最大化地满足自己的需求。

二、我国汽车市场营销的现状及发展趋势

1. 我国汽车市场营销的发展历程

1984—1985 年期间，政府允许汽车企业可以自销生产超出的部分汽车。由于一些人手里掌握相关资源，低价进、高价卖，把汽车价格抬高，在这种倒买倒卖中获得了高额利润，同时也带动了汽车投资热，使汽车市场一片混乱，产生了畸形的市场繁荣，汽车市场营销的萌芽被遏制。

自 1994 年开始，国外商家不断地进入国内市场，带来了先进的营销模式，1998 年，通

用、本田等公司在国内建立了品牌专卖的模式，标志着汽车现代市场营销观念进入中国，中国汽车销售体系发生了改变，可以按照国际上通行的原则和模式自行建立产品销售系统和售后服务系统。随着国民经济的快速发展，汽车作为一个复杂的工业品和大件消费品，其营销也有了更多的变化。

2. 我国汽车市场营销存在的问题

(1) 4S 店遍地开花，但汽车市场营销处境尴尬，前景令人担忧

随着汽车产业的发展，近几年集销售、零配件、服务、信息反馈于一体的汽车 4S 店销售模式在我国如雨后春笋般地出现。虽然这样的销售模式对于汽车大品牌来讲是很好的销售渠道，但是，如果经营利润少就支撑不了汽车 4S 店的运营费用。

(2) 汽车市场营销方式混乱落后

很多汽车企业或是经销商几乎没有根据市场营销观念从事经营活动。他们通过车展的方式来体现阔气，或者运用价格战作为汽车销售手段，这样对于汽车销售根本不会起多大作用。

(3) 汽车经销商普遍存在着汽车市场营销信誉危机

根据调查报告显示，当前汽车消费整体环境普遍存在的问题是：汽车消费投诉的提高与消费者购车热有直接关系。由于汽车经销商在销售中不仅缺乏行业自律、道德操守约束，更缺乏一个统一的组织来规范汽车经销商的行为，因而使消费者对其产生信誉危机。

(4) 营销队伍素质普遍不高

目前，汽车销售市场都是由买方所占据，消费者对于购买行为比较理性，这就要求营销人员既要懂汽车、又要懂营销。提高营销队伍整体素质是提供优质服务的关键，营销人员是连接消费者与销售企业的桥梁，甚至本身就是销售企业的招牌。

3. 我国汽车市场营销的发展趋势

(1) 汽车大卖场将逐渐成为继汽车专卖店后销售的重要的汽车市场营销模式

虽然目前我国还是支持 4S 店的模式，但是随着汽车产业的逐渐开放，汽车销售价格将会下降到与国际市场价基本相同，4S 店只是适合少数奢侈型的汽车品牌，对于中、低档以及经济型汽车品牌来讲并不适合，因此汽车大卖场的销售模式是其最佳选择。

(2) 汽车市场营销的品牌经营势在必行

品牌代表着一个企业发展的兴衰，企业的发展要靠品牌树立的形象，一个品牌可以生存在企业中，也可以独立于它所代表的企业、所依托的产品之外。一个企业可以被收购或是重组，面临破产或是倒闭，产品可以更新，但是品牌却是永恒的，其价值是不变的，同样的产品换个牌子可能就会增值，这足以证明品牌的重要性。因此，品牌是企业树立形象的根本。对于汽车而言，品牌象征着市场定位、产品质量、性能、技术、装备和服务等价值，它最终体现了企业的经营理念。因此，品牌是企业制胜的法宝，是消费者所追求的一种理念，是企业和消费者中间的桥梁。

(3) 汽车市场营销更加注重公共关系与汽车赛事营销的发展

由于买方市场的到来，国内很多经销商预感到了危机，都在寻找新的营销方式。在汽车市场营销中，公共关系营销起到了很重要的作用。因为很多消费者都是通过媒体的传播、介绍以及评价做出买车的决策，运用公共关系使得企业在社会中建立正确位置，同时也被社会关注，兼顾企业经营利益与社会利益，实现企业与社会利益的相互转化，最终赢得更大的企业发展空间。

【阅读材料】

长城汽车营销案例：哈弗 SUV 的达喀尔赛事

一、活动背景

1. 哈弗 SUV 多年来在自主品牌 SUV 中销量第一，且在国内市场树立了良好的口碑。

2. 哈弗 SUV 深得国内消费者认可，但是有必要通过一系列营销手段来提升品牌价值。

3. 长城汽车海外市场的不断开拓及企业品牌的国际化程度的加强。

4. 作为国际顶级的 SUV 专业赛事，达喀尔拉力赛受到越来越多 SUV 消费者的关注。

二、活动形式

哈弗 SUV 连续三年参加达喀尔拉力赛，并且成绩不断攀升，提升了品牌关注度和美誉度，借助达喀尔相关传播途径促进销售。

三、活动目的

以专业赛事的优异成绩验证哈弗作为 SUV 专家品牌的卓越性能，扩大品牌全球影响。

通过参加达喀尔这一国际上最艰苦的 SUV 顶级专业赛事，一方面验证哈弗 SUV 的专业品质和树立品牌形象，另一方面不断丰富哈弗 SUV 的品牌内涵，赋予其一种“不惧艰难的挑战精神”，并通过赛事扩大了其在全球的品牌传播影响，从而带动了哈弗 SUV 的全球销售。

四、活动流程

1. 每年 11 月份（广州车展期间）举行达喀尔发车仪式，邀请赛车手出席，进行赛前预热；每年 12 月底前后，举行哈弗车队达喀尔出征仪式，进一步预热。

2. 次年 1 月 1 日至 1 月 16 日，达喀尔正式比赛期间，通过新闻稿件、图片、视频等形式，将哈弗 SUV 在比赛前方的情况不断通过媒体进行传播；比赛结束，车队人员返程后，择日举行达喀尔庆功会，邀请大量媒体记者参加，获得媒体的再次关注及积极报道。

五、效果评估

1. 通过三年坚持参加达喀尔赛事，哈弗 SUV 进一步树立了“中国 SUV 领导者”的行业地位，销量节节攀升。

2. 哈弗 SUV 的品质得到了进一步的验证，哈弗品牌得到了提升，为哈弗家族高端 SUV——哈弗 H7 今后上市奠定了坚实的品牌基础。

六、综合分析

将赛场与国内外市场进行紧密整合，用严酷的环境，长距离、高强度的赛道去检验产品质量，树立中国自主品牌汽车的国际化形象，从而形成特有的品牌精神和品牌文化，达喀尔让长城汽车做出巨大投入的同时，也收获到了更多。

在 SUV 市场竞争日益加剧的环境下，哈弗销量的持续领先是最好的证明。

【能力训练】

调研、分析××汽车企业市场部组织结构及业务流程

1. 训练目的

(1) 了解汽车企业市场部的组织结构。

(2) 掌握汽车企业市场部各级职能。

2. 训练内容和要求

(1) 调查××汽车企业市场部的组织模式

组建团队，选定一家汽车企业市场部作为研究对象，完成以下内容：

• 调查和分析该公司市场部的组织结构，并完成该部门组织架构图。

• 调查各级组织（各个部门）的工作内容，调查每个岗位的岗位职责和部门职责，并汇总成表格。

• 根据岗位职责和部门职责，完成该公司市场部的组织职能表。

(2) 分析××汽车企业市场部的组织模式，提出调整建议

以小组为单位，对该公司的市场组织模式给予评价，并给出市场部组织模式的调整建议。

• 依据所理解的市场营销发展趋势，重新设定该企业市场部的各级职能，制作新的市场部职能表，并说明理由。

• 完成新的市场部组织架构图。

• 完成新的各级部门职责和岗位职责。

§1—3　汽车营销员的能力要求

学习目标：

1. 明确汽车营销员的职责范围，培养汽车营销工作的责任意识。

2. 认识商务礼仪在汽车营销中的重要性，能使自己的职业形象符合汽车营销员的职业要求。

3. 根据汽车营销员的职业能力和基本能力要求，在学习中加强职业能力和基本能力的培养及训练。

一、汽车营销员的职责

汽车营销员的职责是指作为营销员必须做的工作和承担的相应责任。汽车营销员是汽车

销售过程中的主体，是连接企业与顾客的桥梁和纽带，既要对企业负责，又要对顾客负责。因此，汽车营销员的职责并非仅限于把企业的产品销售出去，而是承担着多方面的任务。每一次销售活动的具体任务是不同的，不同类型的销售工作也有不同的工作内容，但企业的销售人员，都承担着一些相同的基本职责。明确营销员的职责范围，不仅是对营销员的具体要求，也是挑选、培养营销员的条件、目标和方向。具体来说，营销员的职责包括以下几个方面（见图 1—3—1）。

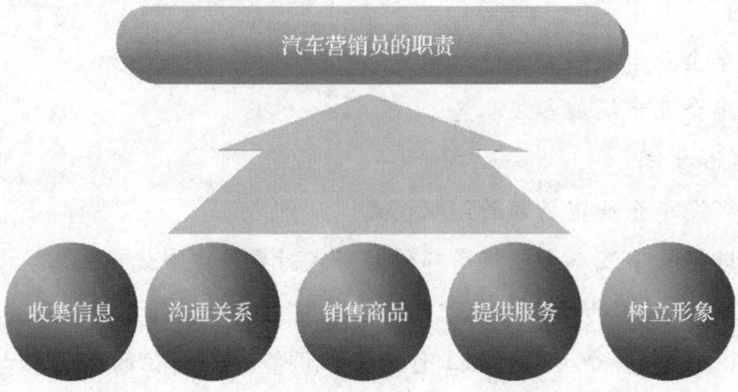

图 1—3—1　汽车营销员的职责

1. 收集信息

企业在市场竞争中能否取得有利地位，在很大程度上取决于信息的获得程度。营销员是企业和市场之间、企业和顾客之间的桥梁和纽带，对获得信息有十分有利的条件，易于获得需求动态、竞争状况，以及顾客的意见等重要信息。及时地、持续不断地搜集这些信息，并把这些信息反馈给企业，是营销人员应当承担的一项职责，这不仅可以为企业制定正确的营销策略提供可靠的依据，而且有助于营销人员提高自己的业务能力。因此，营销员应自觉地当好企业耳目，在走访顾客、销售商品、为客户提供服务的同时，有意识地了解、收集市场信息。

2. 沟通关系

汽车营销员运用各种管理手段和人际交往手段，建立、维持和发展与潜在顾客、老顾客之间的业务关系和人际关系，可以获得更多的销售机会，扩大企业产品的市场份额，这是汽车营销人员的重要职责。

汽车营销员将商品销售出去，不是工作的结束，还必须继续保持与顾客的长期、友好联系。销售成交后，能否保持和是否重视与顾客的联系，是关系销售活动能否持续发展的关键。营销员不仅要巩固与顾客的关系，尽善尽美地提供售后服务、定期访问、节日问候，使老顾客在更新产品时继续采用本公司产品，而且还要千方百计地发展新的关系，吸收、说服潜在顾客购买本企业的产品，不断开拓新市场、扩大企业的市场范围。

沟通关系的有效步骤是：（1）确定主要客户名单；（2）确定每一位营销员的联系对象；（3）规定沟通关系的具体目标及任务；（4）销售管理人员定期检查评估；（5）每个营销员根

据计划目标进行沟通工作。

3. 销售商品

营销员将企业生产出来的商品，从生产者手中转移到消费者手中，满足消费者的需要，为企业再生产创造条件。这是营销人员最基本的职责，也是销售工作的核心环节。

销售商品是通过销售过程中的一系列活动所完成的。这些活动包括寻找潜在顾客、准备进行访问、介绍和示范产品、处理异议、确定价格及交货时间等成交条件、签订合同等。此外，销售过程还包括销售商品所必需的辅助性工作，如商务旅行、调查、案头工作、必要的交际等。

4. 提供服务

“一切以服务为宗旨”是现代销售活动的出发点和立足点。营销员不仅要为顾客提供满意的商品，更重要的是为顾客提供各种周到和完善的服务。服务是产品功能的延长，有服务的产品才能充分满足顾客需要，而缺乏服务的产品只不过是半成品。未来企业竞争日趋集中在非价格竞争上，非价格竞争的主要内容就是服务。在市场竞争日益激烈的情况下，服务往往成为能否完成销售的关键因素。

营销员所提供的服务包括售前、销售过程中、售后的服务。售前服务通常包括：帮助顾客确认需求和要解决的问题，为顾客提供尽可能多的选择，为顾客的购买决策提供必要的咨询等。售前服务是进行销售的前提，也为成交奠定了基础。销售过程中的服务主要包括：为顾客提供买车、融资贷款、保险、上牌、办理各种手续方面的帮助，销售过程中的服务是销售成功的关键。因为这些能为顾客带来额外利益的服务项目常常成为决定成交的主要因素，尤其是在商品本身的特征和价格差别不大的情况下，顾客总是选择能提供额外服务的企业。销售完成后的服务，即售后服务，它主要包括产品的安装、调试、维修、保养、人员培训、技术咨询、零配件的供应以及各种保证或许诺的兑现等。这些服务不仅能够消除顾客的抱怨、增强顾客的满足感、巩固与顾客的关系、为企业争取更多的客户，而且有利于树立良好的企业形象，增强企业竞争力。

5. 树立形象

营销人员通过销售过程中的个人行为，使顾客对企业产生信赖或好感，并促使这种信赖和好感向市场扩散，从而为企业赢得广泛的声誉，树立良好的形象。营销员是连接企业与顾客的纽带，要把企业商品、服务的既有信息传递给顾客，营销员在进行销售时，完全代表着企业行为。在顾客面前营销员就是企业，顾客是通过营销员了解、认识企业的。因此，能否为企业树立良好的形象，也就成为衡量营销员的重要标准之一。树立良好的企业形象，营销员需要一系列扎实的专业技能。首先，要推销自己，以真诚的态度与顾客接触，使顾客对营销员个人产生信赖和好感；其次，使顾客对整个买车交易过程满意；再次，使顾客对企业所提供的各种售后服务满意。此外，营销员应尽量帮助顾客了解有关企业生产经营方面的问题，向顾客宣传企业，让顾客了解企业。

树立良好的企业形象，也就树立了良好的商品形象，而良好的商品形象是销售活动顺利进行的物质基础。因此，企业形象直接影响顾客的购买行为，它不仅是促成本次购买的条件，也是影响今后购买乃至长期购买的前提。

二、汽车营销员的商务礼仪

1. 商务礼仪的概述

（1）商务礼仪的概念

商务礼仪是人们在商务活动中要遵循的礼节，它是一种约定俗成的行为规范，是商务活动中对人的仪容仪表和言谈举止的普遍要求。

（2）商务礼仪的基本原则（见图1—3—2）

1）尊重的原则

尊重是礼仪之本，也是待人接物的根基。尊重分自尊与尊他。自尊，首先是自尊自爱，爱护自己的形象；其次是尊重自己的职业；第三是尊重自己的公司。尊他主要是尊重长辈、尊重领导、尊重同事、尊重客户。只有相互尊重，才能建立、维持和谐快乐的人际关系。

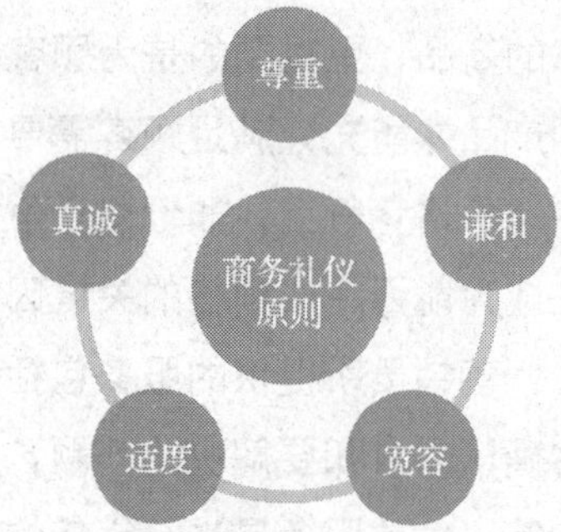

图1—3—2　商务礼仪的基本原则

2）真诚原则

真诚是做人之本，也是商务人员的立业之道。营销活动并非短期行为，从事营销要讲求礼仪，并越来越注重长远效益，只有恪守真诚原则，着眼于将来，通过长期潜移默化的影响，才能获得最终的利益。

3）适度原则

人际交往中要注意各种不同情况下的社交距离，也就是要善于把握沟通时的感情尺度。在人际交往中，沟通和理解是建立良好的人际关系的重要条件，但如果不把握好沟通时的感情尺度，即人际交往缺乏适度的距离，结果会适得其反。

4）宽容原则

从事营销活动要宽以待人，在人际纷争问题上保持豁达大度的品格或态度。在营销活动中，出于各自的立场和利益，难免出现冲突和误解。遵循宽容原则，凡事想开一点，眼光看远一点，善解人意，体谅别人，才能正确对待和处理好各种关系与纷争，争取更长远的利益。

5）谦和原则

谦和在社交场上即表现为平易近人、热情大方、善于与人相处、乐于听取他人意见，显示出虚怀若谷的胸襟，能很好地调整人际关系，对周围的人有很强的吸引力。

（3）汽车营销礼仪的概念

汽车营销礼仪就是指汽车销售人员在销售活动中，通过仪容仪表、言行举止等充分表现出对顾客的尊重和友好的行为规范和惯例。简单地说，就是销售人员在工作场合适用的礼仪和工作艺术。

2. 汽车营销人员职业形象塑造

汽车营销人员是汽车商品的传播源和载体，汽车销售活动实际是在人际交往过程中完成汽车的销售和服务的。在商品经济发达的今天，销售技术是如何赢得客户的技术，而不是强迫客户购买的技术。在营销过程中，营销员要接近客户、激发客户的购买欲望，首先要让客户对自己产生好感。一位营销员有得体的仪表、高雅的风度，彬彬有礼、落落大方的举止，是成功销售的首要条件。适宜的汽车营销礼仪，不仅能够帮助汽车销售人员树立良好的个人职业形象，还能帮助企业树立品牌形象。

(1) 汽车营销人员的仪容、仪表礼仪

1) 女营销人员仪容、仪表规范（见图 1—3—3）

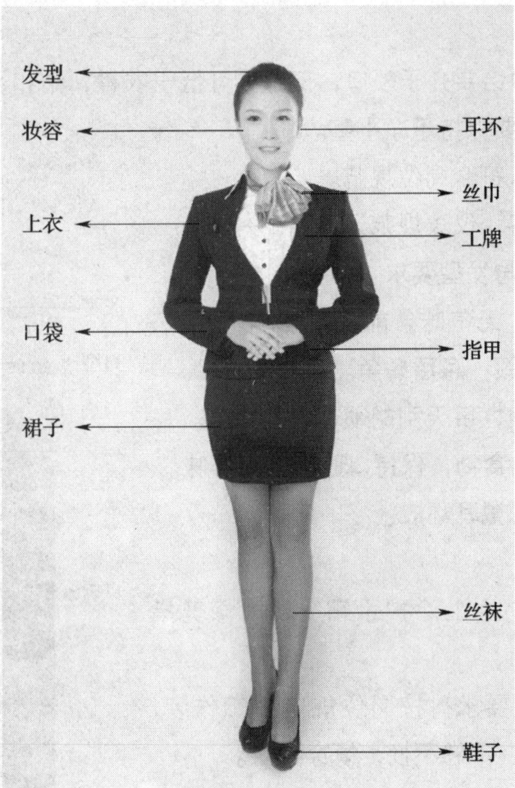

图 1—3—3　女营销人员仪容、仪表规范

①女营销人员妆容与发型要求

a. 头发上无发屑，头发以短发、盘发最宜；忌夸张发型、夸张染色，切忌刘海遮挡眉眼，忌繁杂的头饰。

b. 面部清洁，施粉适度，淡妆上岗，及时补妆，忌浓妆。

c. 眉毛和体毛需修整。

d. 牙齿清洁，不吃味道浓烈的食物，保持口腔的清洁无异味，保持口气清新，会客时不嚼口香糖等食物。

e. 保持手的清洁，勤修指甲，指甲整齐，不留长指甲，涂浅色的指甲油，不戴结婚戒指以外的戒指。

f. 香水要淡雅清香，忌杂味、刺激。

②女营销人员着装要求：按岗位规定着工作装，忌着过于杂乱、鲜艳、暴露、透视、紧身的服装。

a. 保持衣服平整，色彩协调。着正式的职业套装（以裙装最佳），配浅色衬衫及协调的领带或丝巾，保持衣服熨烫平整。夏季袜子以透明近似肤色或与服装搭配得当为好，冬季袜子的颜色也可适当加深；穿黑色船型皮鞋。忌口袋放过多物品。

b. 饰品要适量。首饰应尽量选择同一色系（同质同款），最关键的就是要与整体服饰搭配统一起来，最多不能佩戴超过三件；忌戴夸张的耳环和发出响声的饰品，忌戴手镯、手链、装饰戒指。

c. 佩戴丝巾。丝巾结要齐于领口，下部不可低于衣襟，结扣平整饱满，两侧翼大小适中、高低齐衬衣领口，要保持干净平整。

d. 佩戴工牌、胸卡符合岗位规范。

2）男营销人员仪容、仪表规范（见图 1—3—4）

①男营销人员妆容与发型要求

a. 头发上无发屑，无气味，前发不能挡住额头，侧发不掩耳、后发不及领；忌留鬓角。

b. 面部干净、清爽，每天刮胡须，修剪鼻毛。

c. 不吃味道浓烈的食物，保持口腔清洁无异味。

d. 项链不外露，忌戴耳环。

e. 胸前不挂饰品。

f. 保持手的清洁，手上涂护手霜，及时修剪指甲，忌留长指甲。

②男营销人员着装要求：按岗位规定着工作装，要熨烫平整、系好纽扣、不卷不挽，慎穿毛衣。

a. 西装。款式简洁，注重服装的质料、剪裁和手工；色彩选择上以单色为宜，建议至少要有一套深蓝色的西装（深蓝色显示出高雅、理性、稳重）；西裤的长度应正好触及鞋面；忌衣袋乱放杂物。

b. 领带。领带是点睛之笔，颜色与西装和衬衫协调，干净、平整，长度合适，领带尖应恰好触及皮带扣，领带的宽度应该与西装翻领的宽度和谐。

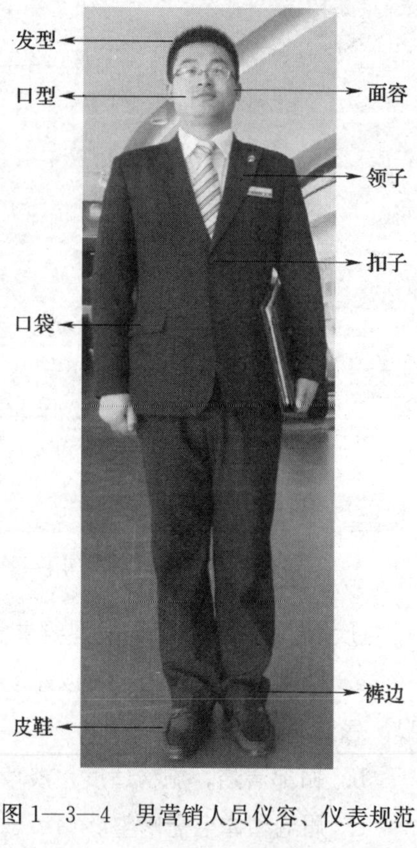

图 1—3—4 男营销人员仪容、仪表规范

c. 衬衫。领型、质地、款式与外套和领带协调，色彩与西装、领带最好为同色系（纯白和天蓝色衬衫为一般必备）；注意领口、袖口要干净。衬衫袖口要长于西装袖口 1 cm，衬衣外穿时口袋不插笔和名片。

d. 袜子。深色棉质袜子（与服装、皮鞋一致）宁长勿短，以坐下后不露出小腿为宜；忌穿白色袜子。

e. 鞋子。鞋子款式和质地的好坏直接影响到男士的整体形象，应选择黑色、深棕色等经典色的皮鞋，以商务款为宜。

f. 佩戴工牌、胸卡符合岗位规范，腰带上面不挂配手机盒和钥匙圈。

(2) 营销人员的仪态礼仪

仪态是指人的身体姿态，又称为体姿，包括人的站姿、走姿、坐姿、蹲姿、表情和身体展示的各种日常行为动作。用优美的仪态表现礼仪，比用语言更让消费者感到真实、美好和生动。

1）站姿

头正颈直，双目平视，嘴角微微上翘，微收下颌，两肩平正外展，挺胸、收胃、收腹、立腰，双臂自然下垂，双手放于身体两侧。女士也可双手交叉相握放于下腹部，收臀并膝，重心垂直在两脚之间，两脚呈“V”字或“丁”字型，如图 1—3—5 所示。男士呈立正姿势或双腿分开与肩齐宽，双手自然下垂放在体侧或右手自然握拳，左手握住右手手腕，自然放于小腹前，如图 1—3—6 所示。

图 1—3—5　女士站姿

图 1—3—6　男士站姿

2）走姿

头正颈直，目光平视前方，肩平，挺胸收腹，双臂自然下垂并以身体为中心前后摆动，幅度为 30°～35°，步幅适当，步速均匀，直线行走（即两脚内侧落在一条直线上），如图 1—3—7 所示。

图 1—3—7　走姿

3）坐姿

头部端正，双目平视，腰背部直立，双手舒展或轻握于膝盖上，双脚平行，双腿垂直，大腿与小腿成 90°。男士双膝分开不能超过肩宽，女士双膝并紧。女士也可双脚向左或向右侧斜放，腿部与地面成侧倾角，两腿之间没有任何缝隙，若着裙装，应用手将裙子稍向前拢一下。坐在座椅三分之二处，从椅子的左侧入座，左侧离座，如图 1—3—8、图 1—3—9 所示。

图 1—3—8　男士坐姿

图 1—3—9　女士坐姿

4）蹲姿

不要突然下蹲，不要距人过近，保持与客户适中的距离，下蹲时侧对客户，上身挺直，男士双膝适度分开（见图1—3—10）；女士双腿并拢收紧，双腿一高一低，如图1—3—11所示。

图1—3—10　男士蹲姿

图1—3—11　女士蹲姿

5）表情

表情是指人的面部情态，包括微笑和目光，通过面部的动作和脸色变化表达出人的内心思想感情。现代心理学家总结过一个公式：感情的表达＝言语（7%）＋声音（38%）＋表情（55%）。

6）微笑

微笑是一种世界通用语言。营销员应把“微笑”贯穿于销售行为的整个过程。微笑的要领：面部肌肉放松，嘴角微翘、嘴唇微启，上边露出约6～8颗牙齿，但应避免露出牙龈，自觉控制发声系统，笑不出声，如图1—3—12所示。

图1—3—12　微笑

【能力训练】

微笑训练：自由组合，两人一组，面对面相互观察对方表情。

训练要领：面部肌肉放松，嘴角两端稍稍用力向上拉，使两端嘴角向上翘起，让唇线略呈弧形，在不牵动鼻子、不发出笑声、不露出牙齿的前提下，微微一笑。口念“一”，用力抬高嘴角两端，下唇不要用力过大。微笑的最佳口型：“钱、茄子、G、V”等字音。

7）目光

眼睛是心灵的窗户，眼神是心灵的语言，要用自然、自信、亲切、友善、真诚的眼神，与客户交流，学会用眼睛说话，正确的目光是自然地注视。与顾客交谈时，两眼视线落在对方的鼻间，偶尔也可以注视对方的双眼。为表示对顾客的尊重和重视，切忌斜视或环顾他人他物，避免让顾客感到你不礼貌和心不在焉；道别或握手时，应该用目光注视着对方的眼睛，社交目光注视区域如图 1—3—13 所示。

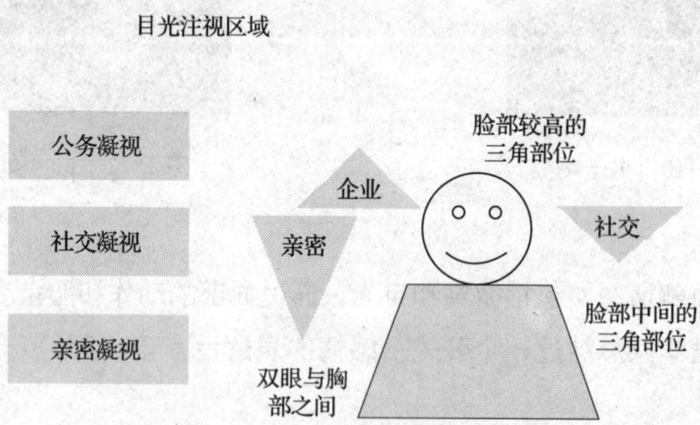

图 1—3—13　社交目光注视区域

8）手势

手势的风度是“准而美”，即通过手势挥动的速度、力度、幅度和弧度，来准确地传导信息，表示喜恶，表达情感，体现优美。俗话说：“心有所思、手有所指。”手势表现的含义非常丰富，表达的情感也微妙复杂。销售人员的手势越规范、标准、优美，就越能体现出对顾客的敬意。

指引手势：面带微笑，走在客户侧前方，保持一臂距离，手掌自然伸直，手指并拢，拇指自然稍分开；手腕伸直，手与小臂成一直线；肘关节自然弯曲，掌心向斜上方，手掌与地面成 45°，指示方向。

招手手势：向远距离的人打招呼时，伸出右手，右胳膊伸直高举，掌心朝着对方，轻轻摆动。不可向上级和长辈招手。

鼓掌手势：两臂抬起，张开左掌，用合拢的右手四指（拇指除外），轻拍左掌中部，节奏要平稳，频率要一致。鼓掌时，姿态要端正，并伴以微笑。

【能力训练】

基本仪态训练：全班分成四个小组，分别进行站姿、走姿、坐姿、蹲姿的训练。

训练考核：分小组进行训练效果展示，并对小组进行考核，对成绩优异的小组进行加分奖励。

3. 汽车营销人员商务接待礼仪

(1) 鞠躬

在商务活动中，鞠躬礼一般有：15°鞠躬礼、30°鞠躬礼、45°鞠躬礼。

15°鞠躬礼（点头礼）：点头，上身自然前倾15°，一般用于平辈或同事打招呼。

30°鞠躬礼（欠身礼）：上身倾斜30°，用于迎接来访者。

45°鞠躬礼（鞠躬礼）：上身倾斜45°，用于重要场合，致以最高的谢意或歉意。

(2) 称呼

按性别区分：如女士或先生。

按职务尊称：某经理、某总。

按技术职称：某工程师。

按行业职称：某老师、某医生。

(3) 握手

手要洁净、干燥和温暖。主动迎向客户，右手手掌垂直于地面，伸直至1 m左右距离，虎口相对，握住对方的整个手掌，微用力；必须站立握手，握住的时间不宜超过3 s；如果客户为女士，男性服务人员不宜主动握手；握手时应目视对方、面带微笑、稍事寒暄。与多人握手时，遵循先尊后卑、先长后幼、先女后男的原则。握手时注视对方，不要旁顾他人他物；与异性握手时用力轻、时间短，不可长时间握手和紧握手；忌戴手套握手或握完手后擦手；不要用左手握手（见图1—3—14）。

图1—3—14　握手

(4) 介绍

介绍的手势：五指并拢，手心向上，指向被介绍人。

介绍的内容：公司名称、部门、职务、姓名。

介绍的顺序：位卑者介绍给位尊者；男士介绍给女士；年轻的介绍给年长的；职位稍低者介绍给职位高者；公司同事介绍给客户；非官方人士介绍给官方人士；本国同事介绍给外国同事；如果身边各有一人，先介绍右边的，再介绍左边的。

（5）名片

递送名片：要用双手或右手的拇指和食指，握住名片的两个角，并将文字正面朝向客户，以弧状的方式递交于对方的胸前；递名片时，应说“请多指教”“多多关照”“常联系”等。

接受他人的名片：双手捧接，或以右手接过，接过名片后，从头到尾认真默读一遍，意在表示重视对方，同时要说“请您多关照”“请您多指教”等；应郑重放入名片夹或前胸口袋里，不要放在裤子口袋或钱夹里。

索取名片：先主动递上自己的名片，同时询问对方：“认识您太高兴了，不知能不能有幸跟您交换一下名片?”，或“不知以后如何向您请教比较方便?”。

（6）引导

引路时要站在客户的左前侧半米至一米处，与客户保持45°，面带微笑为其引路；行进时，不能自顾自地走，要走出3～5步向被引领人做出“请”的手势；配合客户，控制速度，结合手势和语言；途中有台阶或障碍时，提前提醒客户，上下楼梯时，将相对安全一侧留给客户。

（7）安排客户就座

安排指引客户在光线适宜、舒适的位置上就座（若客户已选择就座的位置，尊重客户的选择，主动为客户拉开座椅，待客户坐稳，再自行落座）。和单个客户洽谈时，一般安排客户在左手的位置上，然后坐在客户的右前方，便于讲解；和两个以上的客户洽谈时，安排在左前方和正前方的位置。

（8）端送茶水或饮料

待客户入座后，站在礼仪距离内，微微点头，上身微倾10°，礼貌征求客户所需茶水；给客户送茶水或饮料时，应右手握杯，左手托杯加以保护，手指不要碰触杯口或者是客人握柄的地方，茶杯要拿稳轻放在桌面上，最好放在客人右手前方便取到的地方。

（9）交谈

在汽车营销礼仪服务的过程中，语言是向客户表达礼敬之意的最清晰、最直接的表达方式。作为一名营销员，说话清楚流利是最起码的要求，要成为一名合格优秀的营销员，必须要掌握一些基本的交谈原则和技巧，遵守谈吐的基本礼仪，做到来有迎声、问有答声、去有送声。在与客户交往中需注意以下恭敬用语：

欢迎语：您好，欢迎光临！

您好，先生（女士），欢迎光临！

您好，欢迎光临××车行，请问有什么可以帮到您的吗?

问候语：早上好！下午好！节日好！

征询语：请问有什么可以帮到您?

可以问您几个问题吗?

为了方便维修时与您取得联系，能确认一下信息吗?

您觉得我这样说，可以吗?

您觉得我这样做，您满意吗?

应答语：我明白您的意思。您说得有道理!

好的，很高兴为您服务！您的心情我能理解!

您的情况我已经为您详细记录下来了，我会尽量为您安排的。

道歉语：不好意思!

很抱歉，请原谅!

给您带来不便，我真诚地向您道歉!

感谢语：谢谢!

非常感谢您的理解!

谢谢您的支持!

道别语：谢谢光临，再见!

再见，欢迎下次光临!

【阅读材料】

截然不同的服务

张先生和太太在2012年国庆车展时看中一款别克君威汽车，计划在2013年春节前购车。2012年12月，他们在本市的两家别克4S店选车时，感受到了截然不同的服务。2013年1月，张先生夫妇在甲别克4S店购买一辆非常满意的白色君威汽车。

甲别克4S店

2012年12月上旬的某个周六，张先生夫妇俩来到甲别克4S店，看到身穿整洁职业装，佩戴着胸牌的小伙子精神饱满、面带微笑地站在店门旁。小伙子见到张先生夫妇走过来，快步上前迎接并为他们打开门："您们好！欢迎光临!"

进入店内，小伙子拿出名片双手递给张先生夫妇，"您们好，我是这里的销售顾问赵林，叫我小赵好了，这是我的名片，请问女士和先生如何称呼？可否赐我一张名片，方便以后联系?"张先生拿出自己的名片递给了赵林，赵林双手接过名片，仔细看后说："张先生，您好！您想了解些什么？是想购车还是看看?"

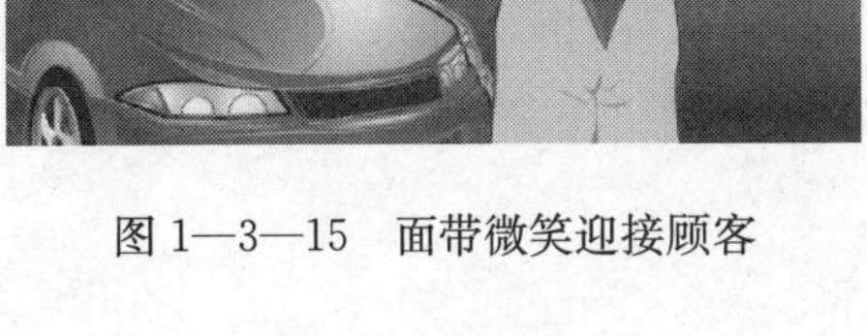

图1—3—15　面带微笑迎接顾客

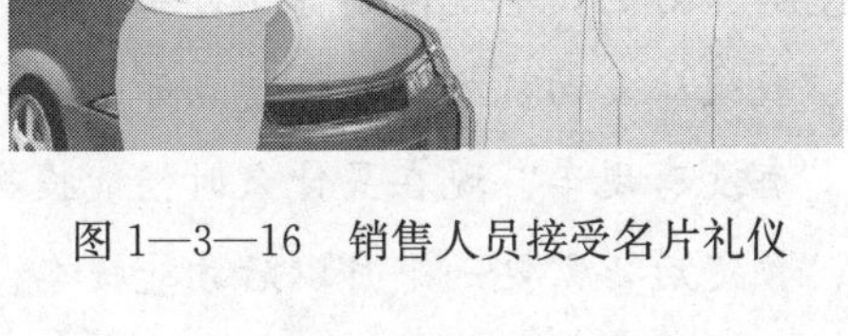

图1—3—16　销售人员接受名片礼仪

张先生："我们想看看别克君威。"营销员赵林走在张先生夫妇左前方，"张先生、张太太，请这边走。"用规范的手势引导张先生夫妇来到了别克君威展示场地，"这是今年最新款的别克君威。"

张太太："还是君威大气，比较起来英朗 GT 就有点小气了。"张先生："上车看看车内情况。"

"没问题，您们请到车上感受一下，这样更能体味君威的特点。"随即打开了车门。

张太太坐进驾驶座后，赵林蹲在车门旁："张太太，位置坐得舒服吗？需要调整吗？""感觉还可以，操控设计比较大方，内饰颜色我也比较喜欢，不知日常保养复杂吗？"

"张太太、张先生，要不我们到洽谈区谈谈，我拿点资料给您们看看好吗？"

"好啊。"这时赵林很体贴地把手护在车门的上方保护张太太下车，并引导他们来到洽谈桌，微笑着询问："张太太、张先生，我们店准备了免费的热、冷饮料，有可乐、雪碧、红茶、绿茶、矿泉水等，张太太您想喝点什么呢？张先生呢？"

"张太太要热红茶，张先生要矿泉水，对吗？好的，请稍等。"

"让您们久等了。张太太，这是您要的热红茶。张先生，这是您要的矿泉水，请慢用。"

营销员赵林在张太太、张先生右前方坐下，微笑着双手递给张先生别克君威的相关资料，并介绍着张先生和张太太所关心的情况。

图 1—3—17　服务顾客试乘

图 1—3—18　与顾客洽谈

"张先生、张太太，看来您们对君威比较感兴趣，是否准备添置一辆啊？"

"对，想买一辆车上下班用，节假日和朋友同事自驾游，今年春节我们还打算开车回老家过年呢。"

"呵呵，张先生、张太太，您们很有眼光，新款君威舒适大方，很适合家庭用，就张先生的身材驾驶这款车会很适合的。"

"张先生、张太太，您们计划年前买车？能允许我给您们详细介绍一下新款君威吗？"。张先生："好的，那就麻烦你了。"

"我就从发动机构造设计特点开始……"

"有没有现车？现在买什么时候能提车？"

"预定后，需要一个月以后才能提车。"

“价格方面有什么优惠?”

“这款车是今年新推出的，价格是总公司定的，可以优惠 5 000 元，在这基础上我们店可以送贴膜、内饰等。”

“好，我们再看看吧”

“哦，张先生、张太太，我公司于本月 28 日进行君威轿车试乘试驾会，真诚邀请您们参加。”

“这个月 28 日吗？好，到时我们先来试试。”

“谢谢张先生、张太太光临我店，有需要可随时联系我，我恭候您们再次光临，再见!”

张太太对张先生说：“这小伙服务很贴心哦。”

乙别克 4S 店

为了得到更多的优惠，第二天，张先生夫妇又来到乙别克 4S 店，想进行进一步的比较。

来到店门口，张先生推开门让太太先进去，自己跟着进去。他们在宽敞整洁、布局合理的展厅转了一圈，找到了他们看中的那款君威汽车。张太太来到驾驶室想拉开车门看看，这时走过来一名营销员。

“二位想买车？还是看看车?”

“我们想买车”。

“就买这款吗”

“是的，我和太太都看中这款车，想看看你们店能优惠多少?”此时营销员的手机响了，他向张先生夫妇点头示意，便走到一边接电话。约 2 min 后，营销员回到车旁。

图 1—3—19 接待顾客的错误方式

“你们刚才说到哪儿？噢，对了，你们问能优惠多少？这价格是总公司定的，在优惠 5 000 元的基础上，我们还能送些内饰、贴膜等，这些加起来也要四五千了，这可是我们店送的最好的贴膜，错过你们会后悔的。你们好好考虑考虑吧。”这时又走过来两位顾客，营销员对张先生夫妇说：“你们商量商量，如果决定买再联系我。哦，这是我的名片。”营销员从裤子口袋掏出自己的名片，用左手递给张先生。张先生双手接过名片，还想问营销员一些问题，营销员却已转身到那两位顾客身边去了。张太太：“怎么这样啊，我们还没问完你怎么能再去接待别人，你们就这样提供服务的，我可是真是想来买车的。”张先生：“别说了，就这样的服务，他们比甲店就是再优惠 1 000 元我们也不买他们的！走，我们回家。”就这样张先生夫妇离开了乙别克 4S 店。

讨论题：张先生为什么说乙店比甲店再优惠 1 000 元也不买乙店的车?

4. 汽车营销人员电话礼仪

在汽车营销活动中，电话使用频率越来越高，汽车营销员掌握电话拨打的艺术十分重要。在电话中，营销员和顾客都无法看到对方，只能从对方的声音、谈话速度及谈话内容来了解对方的状况，通过电话的内容可以留住顾客，也可能流失顾客，因此，拨打电话和接听电话都是营销员营销活动的重要工作内容，也是最困难的沟通方式。电话沟通的注意事项：选好时间，端正姿势，理解对方处境，说话的声音要明快清楚。

图 1—3—20　电话礼仪

(1) 拨打电话的八个步骤

表 1—3—1　　拨打电话步骤及表达方式

拨打电话	主要表达方式
1. 准备资料 准备好有关资料、记录本、笔等 安排好说话内容和顺序 外界的杂音或私语不能传入电话内	
2. 报上公司名称和自己的姓名 清楚且有礼貌地说话	您好，这里是_______店，我是接待员______
3. 问候对方 音量适度，不要过高	早上好
4. 确认电话对象 确认对方身份 适当的请求方式 简洁 如与要找的人接通电话后，应重新问候	您好 请问______在吗 麻烦请找______ 请问您是______吗 您好，请问您现在方便谈话吗 方便耽误您几分钟的时间吗

续表

拨打电话	主要表达方式
5. 说明来电目的 说明来电的事项，使之清楚简洁地表达 在讨论到重点时应格外有礼	当要找的人不在，需要稍后再拨时，表达为：我稍后再拨 当要找的人不在，需要留言时，表达为：请问您方便帮我留言给______吗 希望对方回电话时，表达为：方便请______回电吗 如果对方在忙线中，表达为：我可以在线等吗
6. 确定对方知道所谈的事项 表达要让对方容易理解 讲完后确认对方是否明白	不知道您是否了解我的意思 不知道是否方便麻烦您
7. 挂断前，再次彼此问候 结束时向对方诚意的道谢 用简单的语言对给对方的打扰表示歉意	不知您是否还有不清楚的地方 非常谢谢您，______先生/小姐，如果您有任何疑问欢迎随时与我们联络 祝您愉快
8. 挂断电话 等顾客挂断后，再挂电话（先以手指轻压电话后，再将话筒挂上）	等对方放下电话后再轻轻将话筒放回至电话机上

（2）接听电话的八个步骤

表 1—3—2　　接听电话步骤及表达方式

接听电话	主要表达方式
1. 铃响 3 声内接听电话 在手边准备好纸笔	
2. 报上公司名称、姓名及职称 清楚且有礼貌地说话	您好，这里是______店，我是接待员______
3. 确认顾客的身份 如有需要，请顾客重复姓名 如果顾客未表明姓名，则询问顾客的姓名	请问您是______先生/小姐吗 抱歉，请问您怎么称呼
4. 与对方简短地问候 使用寒暄用语	近来…… 车辆使用……
5. 询问对方来电目的，并记下来电要点 确认要点，倾听技巧	好的

续表

接听电话	主要表达方式
6. 重复要点（内容） 确定正确无误 确定顾客要找的人 复述名字（注意尊称）及部门，并将电话转接给当事人	方便请再重复一次吗 您是要找________部门的________先生吗？请稍候，我为您转接
7. 挂断前，再次彼此问候 将电话转接给别人 按保留键 转接电话时应保持有礼态度	谢谢您的来电 请稍候 有位 ________来电找您
8. 挂断电话 确定顾客先挂断，然后再挂电话（先以手指轻压电话后，再将话筒挂上）	等对方放下电话后再将话筒轻轻放回至电话机上

（3）代接电话技巧

表 1—3—3　代接电话表达方式

代接电话		主要表达方式
1. 当对方要找的人在忙线中	如果他看起来将要结束通话	请稍候，为您转接________
	如果他看起来还需要一点时间（超过 30 s）	抱歉，他现在在电话中。是否需要请他回电
2. 当对方要找的人外出	如果知道他何时回来	抱歉，他现在外出了。大概会在________点回来
	询问顾客的来电目的，以及是否要留言	方便帮您留言吗
3. 当对方要找的人不在座位上	告知对方那个人不在座位上的原因，并告诉对方等他回来时，会请他回电	抱歉，他现在不在座位上。是否需要请他回电
4. 当对方要找的人在接待顾客（或在开会）	告知对方那个人无法接听的原因，并告诉对方等他回来时，会请他回电	抱歉，他目前正在开会中，要过一会儿才会回来。是否需要请他回电 您方便留个电话吗（确认电话号码）
5. 询问顾客是否要找其他人	询问顾客是否要和服务经理或其他负责的人通话	请问您是否需要帮您转接其他人
6. 如果需要时间才能回复顾客的要求	当必须找出文件或其他数据时	请稍候，我先与相关人员（资料）确认
	当需要让顾客等候时	可能需要一点时间，我可以稍后给您回电吗
7. 当顾客提出抱怨	向顾客道歉	先生/小姐，我先就您刚刚提的问题道歉
8. 当顾客突然断线	立刻回拨给顾客，并向他道歉	抱歉，刚刚忽然断线

（4）代为留言的技巧

表 1—3—4　代为留言的表达方式

<table>
<tr><th colspan="2">代为留言/转交的技巧</th><th>主要表达方式</th></tr>
<tr><td rowspan="2">运用 5W1H 方式记下所有详细要点（“5W1H”，即 When，什么时候；Who，对象是谁；Where，什么地点；What，说什么；Why，为什么；How，如何说）</td><td>尽量记下完整的讯息</td><td>顾客的姓名、公司名称、电话号码、来电时间、记录人姓名</td></tr>
<tr><td>记得重复讯息，确认内容无误</td><td>请重复您的留言</td></tr>
<tr><td rowspan="2">告诉留言对象该怎么做</td><td>告诉顾客自己的名字</td><td>好的，我了解。我是接待员，敝姓________</td></tr>
<tr><td>即便顾客未留言，仍要告诉顾客要找的人有来电找他
确定讯息已转交到留言对象的手上
随时检查是否有公司间的讯息</td><td>我接到 ________先生的电话找您，不过他没有留言。
您有看到我之前给您的留言吗</td></tr>
</table>

【能力训练】

场景演示：由学生扮演 4S 店营销员，模拟接待客户的过程（重点在于着装、握手、接听电话等接待礼仪）。

三、汽车营销员的能力

汽车营销员的能力是指汽车营销员完成汽车销售任务时所必备的实际工作能力。汽车营销员的能力主要有职业能力和基本能力。

1. 职业能力

汽车营销员的职业能力主要指专业能力、社会能力、方法能力三个方面。

（1）专业能力

1）具备基本的计算机操作能力。

2）具备汽车产品市场调查的能力。

3）具有丰富的汽车构造知识和具备对汽车进行技术评价的能力。

4）掌握汽车销售的基本原理和销售技巧。

5）具备一定的汽车销售策划和组织实施的能力。

6）具备汽车销售现场的管理能力，掌握用户心理、商务礼仪。

7）具备从事汽车保险投保、查看和理赔业务的能力。

8）掌握汽车售后服务的知识与技能。

9）具有安全、文明生产和环境保护的相关知识和技能。

10）具有驾驶执照，熟悉汽车驾驶。

（2）社会能力

1）具有良好的职业道德，遵纪守法。

2）具有良好的人际交流和沟通能力。

3）具有良好的团队合作精神和客户服务意识。

4）具有一定的组织能力及协调能力。

（3）方法能力

1）制订工作计划的能力。

2）解决实际问题的能力。

3）独立学习新技术的能力。

4）评估总结工作结果的能力。

2. 基本能力

汽车营销员需具备的基本能力主要指：观察能力、记忆能力、思维能力、交往能力、劝说能力、演示能力、核算能力、应变能力（见图 1—3—21）。

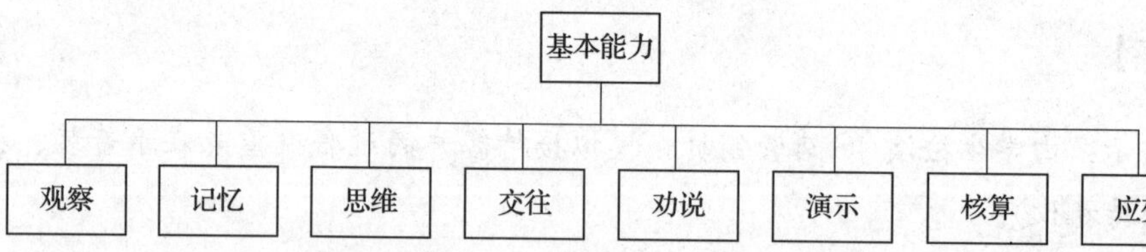

图 1—3—21 汽车营销员的基本能力

（1）观察能力

营销员必须具备敏锐的观察能力，这是营销员深入了解顾客心理活动和准确判断顾客特征的必要前提。顾客为了从交易中获得尽可能多的利益，往往掩盖自己的某些真实意图，顾客每个行动背后，总有其特定的动机和目的；顾客在交易过程中也会或多或少地使用各种购买技巧。只有具备敏锐的观察力，才能通过表象看到问题的实质。营销员只有具备敏锐的观察力，才能更好地了解销售环境，才能更好地寻找顾客，掌握购买者的行为特征，进而开展有效的销售活动。

（2）记忆能力

记忆能力是指对经历过的事物能记住，并在需要时记忆起来的能力。营销员的工作繁杂，需要记住的事务很多，如顾客的姓名、职务、单位、电话、兴趣爱好，商品的性能、特点、价格、使用方法，对顾客的许诺、交易条件、洽谈时间、地点等。如果营销员在客户面前表现出记忆不佳，客户会对其产生不信任感。这无疑会为销售工作带来障碍，影响工作效率。

(3) 思维能力

思维是人的理性认识活动，是在表象、概念的基础上进行综合分析、判断、推理等认识的过程。销售人员应具有的思维品质包括：思维的全面性，能从不同角度看问题，即立体思维、多路思维；思维的深刻性，站得高，看得远，能把问题的本质看透；思维的批判性，不盲从，敢于坚持真理；思维的独立性，能独立思考，不受干扰，不依赖现成的答案；思维的敏捷性，反应快，遇事当机立断；思维的逻辑性，考虑问题条理清楚，层次分明。

(4) 交往能力

交往能力是人们为了某种目的而运用语言或非语言方式相互交换信息，实现人际交往的能力。营销员在工作中要与各种各样的人打交道，有效的交往会拉近自己与顾客的关系，增加获得信息的渠道，提高销售效率。要培养高超的交往能力，营销员必须努力拓宽自己的知识面，同时要掌握必要的社交礼仪、礼节常识，还应敢于交往，主动与人交往，不要封闭自己，应利用各种机会提高自己的社交能力。

(5) 劝说能力

劝说是销售工作的核心。营销员应有良好的劝说能力，劝说能力的强弱是衡量营销员水平高低的一个重要标准。营销员要说服顾客，不仅需要有较好的说话艺术，更重要的是要掌握正确的原则。其中最重要的原则就是“抓住顾客的切身利益，展开劝说工作”。也就是说，在销售商品的过程中，要重视对顾客切身利益的考虑，而不要把说服重点放在夸耀自己产品上。只有这样，顾客才会对所销售产品产生兴趣，销售才会有成效。

(6) 演示能力

在销售过程中，营销员要使顾客对所销售的产品感兴趣，就必须使顾客清楚认识到购买产品以后会得到的好处。因此，营销员不仅要在洽谈中向顾客介绍产品的具体优点，同时，还必须向顾客证明产品确实具有这些优点。产品演示是向顾客证明产品优点的极好方法。熟练的演示所销售的产品，能够吸引顾客的注意力，使他们对产品产生直接兴趣，这是一种“活广告”。

(7) 核算能力

利用科学的方法和手段对销售工作绩效及销售计划执行情况进行必要的核算评价，是销售技术的重要组成部分。营销员必须有良好的核算能力，这是营销员提高工作效率的重要手段。通过核算，分析销售工作及业务的效果，并从中探索规律，总结经验教训，为进一步改进和制订新的销售计划，做出科学决策。

(8) 应变能力

应变能力是指在遇到意想不到的情况时，能使自己在不利的形势下扭转局势，或在遇到突发事件时能处乱不惊，能及时采取正确的措施挽救可能出现或已出现的失误。这要求营销员应有灵活的头脑，能冷静、果断地处理问题。在销售活动中，销售方法必须随顾客的改变而改变，没有一种方法对顾客是绝对有效的。

第二章　汽车市场分析

§2—1　汽车营销环境及汽车消费者购买行为分析

学习目标：

1. 能够正确分析当前中国汽车市场营销的宏观环境。
2. 能够分析本地某一品牌汽车 4S 店所处的微观环境。
3. 能够分析消费者购买过程不同阶段的特点。
4. 能够分析影响消费者购买行为的各个因素。

一、汽车市场环境分析

企业的营销过程是在不断变化的社会经济环境中运行的，营销的状况如何，深受各种环境的制约和影响。企业的营销环境是指在营销活动之外，能够影响营销部门建立并保持与目标顾客良好关系的能力的各种因素和力量。营销环境既能为企业提供机遇，也能造成威胁。成功的企业都知道持续不断地观察并适应变化的环境是非常重要的。按照环境因素对企业营销活动的作用方式不同，汽车营销环境可以分为宏观环境和微观环境。

1. 汽车市场宏观环境

汽车市场营销宏观环境是指为企业营销活动带来市场机会和环境威胁的主要社会力量与因素，包括人口、政治与法律、经济、自然、文化、科技等（见图 2—1—1）。

（1）人口环境

人口环境是指一个国家和地区（企业目标市场）的人口数量、人口质量、家庭结构、人口年龄分布及地域分布等因素的现状及其变化趋势。

人口环境对企业的市场需求规模，产品的品种结构、档次，以及用户购买行为等市场特征具有决定性影响。例如，供老年人使用的汽车就应在安全、方便、舒适等方面满足老年人的需要，而不必过于强调汽车的最高车速和设计上的标新立异。同时，如果人口老龄化趋势加重，将意味着适合老年人消费的大型车的市场规模扩大。相反，如果在一个地区年轻人是主要消费人群，那么个性化配置、时尚外观、优秀的操纵性等就成为主要卖点。

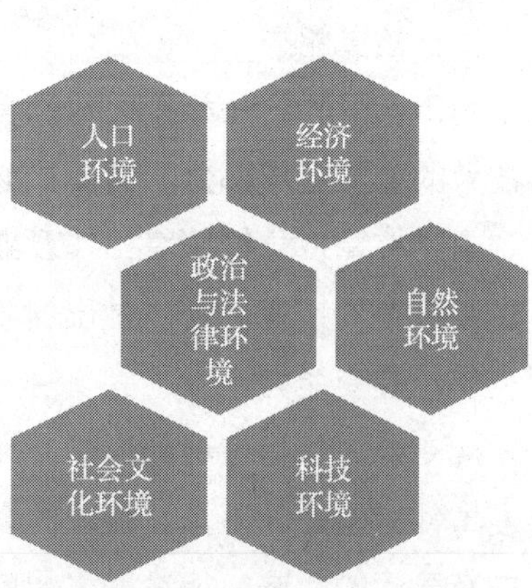

图 2—1—1　汽车市场宏观环境

（2）经济环境

经济环境包括能够影响顾客购买力和消费方式的经济因素，包括社会购买力水平、消费者收入状况、收入分配结构、消费者支出模式等。

1）社会购买力水平

社会购买力是指一定时期内，社会各方面用于购买产品的货币支付能力。国家经济发展的总趋势对企业的影响主要体现在社会购买力水平上，不同的经济发展阶段，对产品需求的关注点不同。经济发展快，人均收入高，社会购买力大，企业的营销机会也随之增多；反之，经济发展缓慢，甚至衰退，人均收入低，社会购买力减少，市场规模会缩小，则会威胁到企业营销，迫使企业不得不缩小经营规模。

2）消费者收入状况

消费者收入是指消费者个人从各种来源所得到的货币收入。消费者收入主要形成消费人口的购买力，收入水平越高，购买力就越大，但消费者收入不会全部用于消费。因此，对企业营销而言，有必要区别“个人可支配的收入”和“个人可任意支配的收入”的含义。

个人可支配的收入是指个人收入中扣除各种税款（个人所得税等）和非税性负担（如养老保险、医疗保险等）后的余额。它是消费者个人可以用于消费或储蓄的部分，形成实际的购买力。

个人可任意支配的收入是指个人可支配收入中减去用于维持个人与家庭生存所必需的费用（如水电、食物、衣服、住房等）和其他固定支出（如学费、保险费等）后剩余的部分。这部分收入是消费者可任意支配的，因而是消费需求中最活跃的因素，也是企业开展营销活动所要考虑的主要对象。

3）收入分配结构

收入分配结构反映了一个国家收入分配的平均程度。收入分配受很多因素影响，营销人员把消费者收入分为 5 类，即：所有家庭收入极低，大多数家庭收入低，大多数家庭属于中等收入，家庭收入极低与家庭收入极高同时存在，低、中、高收入同时存在。

4）消费者支出模式

消费者支出模式是指消费者支出中各种商品和服务所占的比例。消费者收入变化会引起消费者支出模式的变化，继而使一个国家或地区的消费结构也发生变化。

随着家庭收入的增加，用于服装、交通、娱乐、教育、卫生保健的支出和储蓄占家庭收入的比重将会上升。

(3）政治与法律环境

政治与法律环境是指企业市场营销的外部政治局势及国家方针政策的变化对市场营销活动带来的影响。例如，国家调高 2.5 L 以上乘用车的税率，鼓励小排量汽车的生产和消费。

(4）自然环境

自然环境主要指营销活动受自然环境的影响，营销管理者当前应注意自然环境面临的难题和趋势，如对燃油的需求导致石油资源的短缺、环境污染严重、能源成本上升等问题。

(5）社会文化环境

社会文化环境是影响企业营销活动最复杂的因素。人类在某种社会中生活，久而久之，必然会形成某种特定的文化。日本丰田公司在进入中国市场之前，在充分调查研究的基础上，了解到中国春节是非常有纪念意义的节日，全国人民此时都有写对联的习俗，因此，公司把宣传口号用对联的形式加以推广。

(6) 科技环境

科技有决定人类命运的力量，科技环境在市场营销中的地位及作用正日趋上升。技术变革使社会节奏加快，增加了可随意支配的收入，这样就为汽车制造业创造了新的市场机会。同时，随着新技术在汽车产品上的应用，如防抱死制动系统、驱动防滑系统、安全气囊、智能前照灯等，大大提高了汽车的安全性能。而机械化流水线的投入使用，又使产品成本大大降低。

2. 汽车市场微观环境

汽车市场微观环境是指与企业关系密切、能够影响企业服务顾客的各种因素，包括企业的内部环境、生产供应商、营销中间商、消费者、竞争对手和公众（见图 2—1—2）。

(1) 企业的内部环境

企业的内部环境是指企业的类型、组织模式、组织机构及企业文化等因素。企业的组织机构即企业职能分配、部门设置及各部门之间的关系，是企业内部环境最重要的因素。

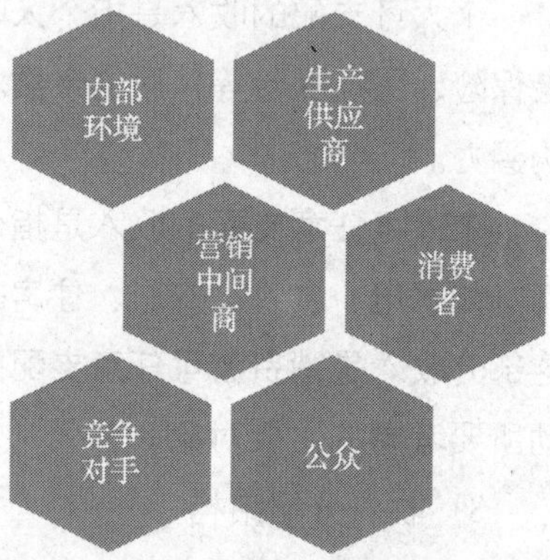

图 2—1—2 汽车市场微观环境

一般而言，企业内部基本的组织机构包括高层管理部门、财务部门、研究与发展部门、采购部门、生产部门、营销部门。营销部门必须与其他部门密切合作，营销计划必须经高层管理部门同意方可实施，财务部门负责寻找和使用实施营销计划所需的资金，研究与开发部门研制适销对路的产品，财务部门核算收入与成本以便管理部门了解是否实现了预期目标。用营销概念来说，就是所有这些部门都必须“想顾客所想”，并协调一致地为顾客提供价值和满意度。

企业内部环境是企业提高市场营销的工作效率和效果的基础。因此，企业管理者应强化企业管理，为市场营销创造良好的营销内部环境。

(2) 生产供应商

生产供应商是指向企业提供生产经营所需资源（如设备、能源、原材料、配套件等）的组织或个人。供应商的供应能力包括供应成本的高低、供应的及时性，供应能力是营销部门需要关注的因素。这些因素短期将影响销售的数额，长期将影响顾客的满意度。

因此，企业应处理好与生产供应商之间的关系，为企业的市场营销营造较为有利的小环境。我国不少汽车企业对其生产供应者采取“货比三家”的政策，既与生产供应者保持大体稳定的配套协作关系，又让生产供应者之间形成适度的竞争，从而使本企业的汽车产品达到质量和成本的相对统一。实践表明，这种做法对企业的生产经营活动具有较好的效果。

(3) 营销中间商

营销中间商是指协助汽车企业从事市场营销的组织，包括中间商、实体分配公司、营销服务机构和财务中间机构等。

1) 中间商

中间商是销售渠道公司，能帮助公司找到顾客或把产品售卖出去。中间商包括批发商和零售商。中间商对企业产品从生产领域流向消费领域具有非常重要的影响，其销售效率、服务质量直接影响到企业产品的销售情况。

2) 实体分配公司

实体分配公司帮助企业在原产地至目的地之间存储和移送商品。实体分配包括包装、运输、仓储、装卸、搬动、库存和订单处理等方面。其基本功能是适时、适地、适量地把商品提供给消费者。

3) 营销服务公司

营销服务公司包括市场调查公司、广告公司、传媒机构、营销咨询机构，它们帮助公司正确地定位和促销产品。

4) 财务中间机构

财务中间机构是厂商融资或分担货物购销储运风险的机构，如银行、信贷公司、保险公司等，它们能够为交易提供金融支持或对货物买卖中的风险进行保险。

财务中间机构不直接从事商业活动，但对企业市场营销的影响很大，如关系到企业的市场范围、营销效率、经营风险、资金融通等。因而企业应重视财务中间机构的作用，以获得它们的帮助，弥补企业市场营销能力的不足，并不断地改善企业的财务状况。

(4) 消费者

汽车产品的最终顾客是消费者，它是企业赖以生存和发展的“衣食父母”。随着市场化进程的不断深入，消费者心态日趋成熟，便宜、实惠不再是消费者关注的焦点，消费者开始注重服务特色。因此，企业市场营销的起点和终点都应满足顾客的需要，汽车企业必须充分研究各种汽车用户的需要及其变化。

(5) 竞争对手

营销在市场上，只要不是独家经营，就会遇到形形色色的竞争对手。因此，每个企业都需要了解竞争者的营销状况和发展趋势，从而制定相应的策略，掌握竞争主动权。

1) 愿望竞争者

指提供不同产品满足消费者各种不同愿望的竞争者。如汽车经销商的愿望竞争者就是房产商等。

2) 类别竞争者

又称一般竞争者、平行竞争者，是指能够提供不同产品来满足消费者同样需求的竞争者。如越野车系列和轿车系列之间，相互成为各自的类别竞争者。

3）形式竞争者

指生产同类产品，但提供不同规格、型号、款式，或不同质量、价格以满足消费者相同需求的竞争者，如奥迪、奇瑞之间的竞争就是产品形式的竞争。

4）品牌竞争者

指提供相同规格、型号的产品，但以不同品牌来满足消费者某种欲望的竞争者。例如一汽大众、上海大众、通用别克、雪铁龙同类B级轿车产品就为品牌竞争者。

（6）公众

公众是指对企业实现营销目标的能力有实际或潜在利害关系和影响力的团体或个人。公众会关注、监督、推进或制约企业的营销活动，对企业的生存和发展可以产生巨大的影响。因此，企业的市场营销活动不仅要针对目标市场的顾客，还要考虑到有关公众的利益所在。企业应采取积极措施，树立良好的企业形象，力求保持和主要公众之间的良好关系。

企业的公众主要有：融资公众、媒介公众、政府公众、社团公众、社区公众、一般公众、内部公众等。

二、汽车消费者购买行为分析

消费者购买行为是指消费者为满足其个人或家庭生活需要而发生的购买商品的决策过程。消费者的需求是所有营销活动的起点，企业营销者通过对消费者购买的研究，来掌握其购买行为的规律，从而制定有效的市场营销策略，实现企业营销目标。

1. 影响消费者购买行为的主要因素

消费者购买行为是复杂的，其购买行为的产生受到心理因素、文化因素、社会因素、个人因素等的影响（见图2—1—3）。

针对汽车商品而言，一般主要考虑以下因素。

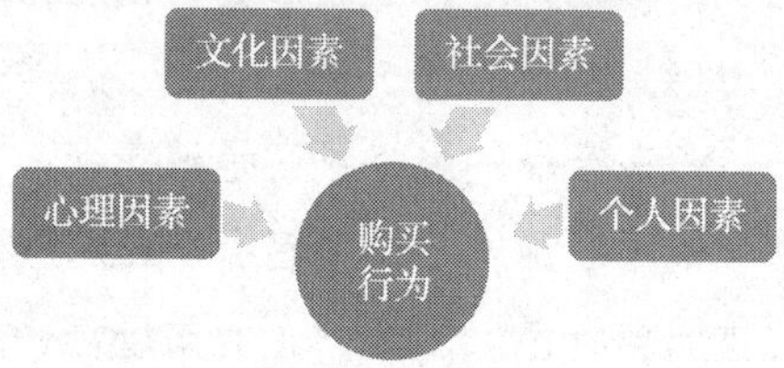

图2—1—3 影响消费者购买行为的主要因素

（1）心理因素

1）消费者的需要

需要是人们对于某种事物的要求或欲望，需要引起动机。美国心理学家马斯洛将人类的需要按其重要性分为五个层次，即：生理需要、安全需要、社会需要、尊重需要和自我实现的需要。前两类是物质的，后三类是精神的。

消费者购买轿车，精神需要的满足比物质需要的满足更重要，每个人都会把自己往更高的群体来归类，可以用马斯洛的需要层次理论分析汽车消费者的需要。

2）消费者的动机

购买动机是指消费者为了满足自己一定的需要而引起购买行为的愿望或意图，它是能够引发消费者购买某一商品和劳务的内在动力。

消费者购买汽车产品的动机主要有以下几方面。

①求实动机。消费者以追求汽车产品的使用价值为主导倾向，这类消费者特别重视汽车产品的质量和功能，而对汽车的造型与款式等不是特别强调。比如，消费用户在购买农用车、轻型车、微型车时，这种求实购买动机就较常见。

②求廉动机。消费者以追求汽车产品的价格低廉为主导倾向，这类消费者选择汽车产品时以价格为第一考虑因素，对降价、折让等促销活动有很大的兴趣。比如，消费用户在购买经济型车时，这种求廉购买动机就较常见。

③求便动机。消费者以追求汽车产品购买和使用过程中的省时、便利为主导倾向，这类消费者特别关心能否快速方便地买到汽车，售后服务是否便捷。

④求新动机。消费者以追求汽车产品的新颖、奇特为主导倾向，在选购汽车时，特别追求汽车的造型新颖和别致，而汽车的耐用性、价格等成为次要的考虑因素。

⑤求名动机。消费者以追求名牌、高档汽车，借以显示或提高自己的身份、地位而形成的购买动机。

⑥模仿或从众动机。消费者在购买商品时自觉或不自觉地模仿他人的购买行为而形成的购买动机。一般而言，普通消费者的模仿对象多是社会名流或其所崇拜、仰慕的偶像。

(2) 文化因素

文化因素对消费者购买行为具有最为广泛和深刻的影响。营销人员需要从文化、亚文化和社会阶层等方面来理解文化因素所起的作用。

1) 文化和亚文化

文化是影响人们欲望和行为的最根本的决定因素。文化对消费者行为的影响表现为价值、观念、习俗、习惯等因素的影响。

文化由多种亚文化构成。在一个较大的文化群体中，具有更为具体的认同感和社会化等共同特色的较小群体称为亚文化群。人类社会的亚文化群体可分为国籍群体、民族群体、宗教群体、种族群体和地域群体等。消费者对产品的兴趣会受到这种亚文化的影响。

2) 社会阶层

几乎所有的人类社会中都存在某种形式的社会层次结构。社会阶层是社会中按照等级排列的、比较同质而且持久的群体，它是社会分层的一种基本表现形式。

以我国为例，依据购买力将汽车消费者分为 3 个阶层。

①高收入者。有相当的社会地位和背景，关心社会的尊重与自我实现，购车时主要追求新颖与别致。与此类消费者交易时，销售人员应主要宣传产品独创性，侧重于品牌与文化背景，使消费者社会地位得到体现。

②中等收入者。有一定的社会地位，是家用轿车的核心消费群，更关心社会的认可与尊重，购车时主要关注汽车的质量、款式、品牌效应与售后服务，汽车价位一般在 20 万元以下。与此类消费者交易时，销售人员应注意服务质量与正确引导。

③低收入者。经济收入低者，可能会购买一些实用性的客货两用车与低档轿车，用于出租、营运，价位一般不会超过 10 万元。因此，在购车时，主要是求廉心态，侧重于价格和实用性。

(3) 社会因素

1) 家庭

家庭是社会上最重要的消费者购买组织。在汽车营销中应关注家庭对购买行为的重要影响。家庭购买决策既制约和影响家庭成员的购买行为，反过来家庭成员又对家庭购买决策施加影响。营销人员应仔细研究夫妻及子女在汽车产品采购中所起的不同作用和相互之间的影响。

2) 参照群体

参照群体是对消费者生活方式和偏好有直接或间接影响的群体。

一是对个人影响最大的群体，如家庭、亲朋好友、邻居和同事等。

二是影响较次一级的群体，如个人所参加的各种社会团体。

三是个人并不直接参加但影响也很显著的群体，如影视明星、歌星、球星等，他们的一举一动常常成为人们模仿的样板，因而在经营活动中常用名人做广告，期望明星效应以拉动消费。

参照群体为人们带来新的行为和生活方式，影响人们的态度和自我观念，进而可能影响一个人对产品或品牌的选择。营销者应努力发现目标市场的参照群体。

(4) 个人因素

消费者的购买行为还会受到个人许多外在特性的影响，其中比较明显的有购买者的年龄与生命周期阶段、职业、经济环境、生活方式以及性格和自我观念等。比如，年轻人相对比较奔放、热情，而中年人相对就比较稳重、老成，因此，对年轻人和中年人在汽车产品的设计上应有所不同。

【阅读材料】

××汽车公司购车意向调查问卷

您好，我们在进行关于购车意向的消费问卷调查，进而改进汽车服务。问卷调查采用不记名的方式进行，谢谢您在百忙之中给予我们工作的支持。

(请在有选项的问题答案上划“√”)

1. 您的性别：A. 男　　B. 女

2. 您的年龄：A. 20岁以下　　B. 20～29岁　　C. 30～39岁　　D. 40岁以上

3. 您的学历：A. 初中及以下　　B. 高中及同等学力　　C. 大专
　　D. 本科　　E. 研究生及以上

4. 请问您的家庭月收入：A. 3 000元以下　　B. 3 000～5 000元
　　C. 5 000～8 000元　　D. 8 000元以上

5. 您目前的工作状况是：A. 学生　　B. 在工作　　C. 自由职业

6. 您的居住地是：A. 城市　　B. 农村

7. 您对汽车知识的了解程度：A. 不了解　　B. 了解一点　　C. 很了解

8. 您打算何时购车：A. 25岁之前　　B. 25～29岁　　C. 30～39岁

D. 40岁之后 E. 无购车意向

9. 您购车的目的是：A. 代步 B. 工作需要 C. 体现身份、地位
D. 汽车爱好者 E. 其他

10. 您选购的汽车类型：A. 轿车 B. 货车 C. 其他

11. 您了解汽车的途径：(可多选) A. 朋友介绍 B. 媒体广告
C. 网络 D. 厂家宣传 E. 车展

12. 您购买汽车最看重的因素是：(请依次排序)
A. 价格 B. 品牌 C. 耐用性 D. 外观 E. 内饰
F. 安全性 G. 空间 H. 售后服务 I. 油耗 J. 排量
依次排序：________________

13. 您最喜欢的颜色是：A. 红 B. 黑 C. 白 D. 银
E. 墨绿 F. 浅黄 G. 金色 H. 浅绿
I. 深蓝 J. 浅蓝 K. 其他

14. 您喜欢这种颜色的原因是：A. 体现个性 B. 体现时尚
C. 体现稳重 D. 辨认性好，有助提升安全性
E. 其他

15. 您所能够承受的汽车价位是：A. 5万～10万 B. 10万～20万 C. 20万～30万
D. 30万元以上

16. 购车方式：A. 自己工作贷款买车 B. 全款 C. 父母与自己共同出资

17. 您购车后最担心的问题是：A. 车辆质量 B. 售后服务
C. 安全性 D. 其他

18. 您喜欢的促销方式是：A. 送礼品 B. 折扣
C. 抽奖免费旅游 D. 其他

19. 您购车后会考虑做的改装是：(多选) A. 个性音响 B. 大包围
C. 悬挂系统 D. 动力系统
E. 装饰灯 F. 个性化特种喷涂

20. 您买车的最大压力是什么？(填写在横线处)

____

2. 消费者购买决策过程

消费者购买决策过程是消费者购买动机转化为购买活动的过程。不同的消费者的购买决策过程有特殊性，也有一般性，因此，营销人员应了解消费者怎样真正做出决策，识别购买决策的类型以及购买过程的步骤。

(1) 购买者角色

汽车的购买用途一般包括营业用、公务用、家庭乘用等，因此，汽车购买涉及的角色较

多。如，购买家用轿车时，相关的亲朋好友；购买公务车时，办公室人员、司机、领导等。各个角色都会在购买过程中产生影响，同时在不同的购买阶段需要关注的角色也会不同，一般可分为五个角色。

1）发起者

发起者是第一个提议或想到去购买汽车的人，包括使用者、已购车的朋友、司机等。

2）影响者

有形或无形地影响最后购买决策的人。

3）决策者

最后决定整个购买意向的人，包括家长、单位领导等，由他们决定买不买、买什么、买多少、怎么买、在何时与何地买等。

4）购买者

实际执行购买决策的人，一般包括家庭成员、单位采购人员等。

5）使用者

实际使用和消费商品的人，在很多情况下，使用者往往是最初提议购买的人，如实际驾驶人员、司机。

消费者以个人为单位购买时，五种角色可能同时由一人担任；以家庭为购买单位时，五种角色往往由家庭不同成员分别担任。营销人员应根据各个角色在消费过程中所起的作用来加以判断，以采取有效的对策。

（2）购买决策过程

汽车的购买是一种复杂的购买行为，消费者在选购汽车之前，一般都会花很大的精力去了解汽车的品牌、价格及性能，并对各个品牌及各个购车场所进行评价比较，才会去购买。通过大量的研究，大致把汽车购买的决策过程分为五个阶段。

1）确定问题

购买过程始于购买者对某个问题或需要的确认，即购买者意识到自己的实际状态与期望状态之间存在差异，从而意识到自己的需要。

因此，市场营销人员应注意识别引起消费者某种需要和兴趣的环境，并充分注意消费者对汽车产品的需求强度会随着时间的推移而变化，并将被一些诱因而触发。此外，企业还要善于确认和运用可能引起消费者对某类产品兴趣的常见诱因，促使消费者对企业产品产生强烈的需求，并尽快采取购买行动。

2）收集信息

消费者意识到某种需要后，会通过各种渠道寻找相关信息，了解能够解决问题的方法和途径，其收集信息的积极性和需求的强烈程度成正比。

3）方案评价

消费者在产生购买行为前，会对从不同渠道获取的信息进行整理，对可供选择的品牌进行分析和比较，并对各种品牌的产品做出评价，最后决定是否购买。

4）购买决策

消费者经过对可供选择品牌的评价判断后，形成某种偏好，从而形成购买意图。

但在购买意图和决定购买之间有可能会受到他人态度和意外情况两个因素的影响。

①他人态度。即购买者之外的人的影响。如某人经反复比较已决定购买某品牌轿车，但偶然从使用过该品牌轿车的人那里得知维修过程很麻烦，其可能又放弃了这一购买意图。

②意外情况。消费者收支发生较大变动、产品价格波动幅度大、推销员或售货员的态度等都可能影响消费者作出购买决定。消费者修正、推迟或者回避作出某一购买决定，很大程度上是由于受到可觉察风险的影响。市场营销人员必须了解引起消费者改变或放弃原有购买意图的因素，为其提供信息及支持来减轻消费者的可觉察风险。

5）购买后行为

消费者购买商品之后，通过自己的使用和他人的评价，会对自己购买的商品产生某种程度的满意或不满意，从而影响其以后的消费行为及其他相关消费群体。对产品满意的顾客，会有增加使用、重复购买、品牌忠诚、口碑宣传、吸引新用户和俘获竞争者的顾客等行为。就购买者而言，则会产生顾客的分层，即全部购买者→满意的购买者→重复的购买者→忠诚的顾客。

§2—2 汽车市场营销调研

学习目标：

1. 能够分析市场调查内容。
2. 能够制定一份市场调查方案。
3. 能够拟订一份市场调查问卷。

一、市场调查的内容和方法

1. 市场调查的作用

市场调查就是运用科学的方法，有目的、有计划、系统地收集、整理、分析和研究有关市场营销方面的信息，提出解决问题的建议，供营销管理人员了解营销环境，发现机会与问题，作为市场预测和营销决策的依据。

汽车市场营销就是指对汽车用户及购买对象、购买习惯、未来购买动向和同行业的情况等方面进行全部或局部的了解。市场营销调查是汽车企业营销活动的出发点，其作用有以下几点（见图 2—2—1）。

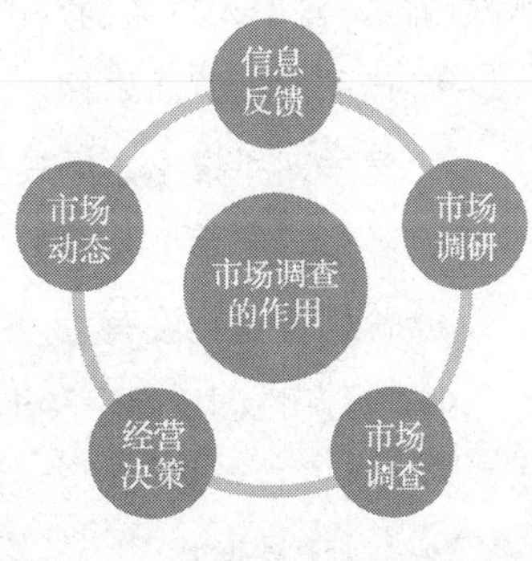

图 2—2—1 市场营销调查的作用

(1) 市场动态

市场调查能够促进销售人员的成长，是销售人员了解市场环境，掌握市场动态，开发潜在顾客的重要手段。

(2) 经营决策

为企业的经营决策提供信息平台。经营决策确定企业的经营方向和目标，它的准确与否关系到企业的成败。要使产品符合消费者的需求，企业可以通过调查了解以下资料：产品的认可程度、销量、市场份额、消费人群的特征、竞争对手的情况等。

(3) 市场调查

市场调查有助于企业开拓市场，开发新产品。企业通过市场调查，可以随时了解市场动态，从而找到新市场，开发新产品。

(4) 市场调研

通过市场调研企业可以及时掌握竞争对手的动态，针对竞争对手的策略，对营销工作进行调整和改进，做到“知己知彼，百战不殆”。

(5) 信息反馈

可以建立企业的信息收集反馈系统，通过市场调查，帮助企业了解整个经济环境对企业发展的影响，了解国家的政策法规变化，预测未来市场可能发生的变化，抓住一些新的发展机会，并对可能发生的不利情况及时地采取应变措施，减少企业的损失。

2. 市场调查的类型

市场调查的角度不同，其类型也不同。根据市场营销调查目的的不同可将市场营销调查分为四类。

(1) 探测性调查

它是对市场上存在的不明确问题所进行的调查。回答的是“是”与“非”的问题。

当企业对所需研究的问题不甚清楚时，可以通过探测性调查帮助其确定问题的关键或产生的原因，为进一步的调查做准备。

比如，管理部门发现某产品销量一直在稳步上升，而市场占有率却似乎在下降。通过探测性调查，营销人员会确定该产品市场占有率确实在下降，而原因可能是以下几点：

- 产品出现负面事件。
- 竞争对手推出了颇具优势的新产品。
- 外观没有跟上潮流。
- 价格坚挺，没有太大优惠。

由于探测性调查是一种非正式的、利用二手资料基础上的小范围的调查，所以常在正式调查的初步调查或明确问题阶段采用。

(2) 描述性调查

这是一种对客观情况进行如实描述的调查，它主要调查消费者要什么、何时要、何地买、如何买之类的问题。描述性调查非常注重对实际的琐碎资料的记录。

(3) 因果性调查

因果性调查通常是在收集、整理资料的基础上，运用逻辑推理和数理统计分析方法，找出不同事实之间的因果关系或函数关系。比如，根据相关资料分析某种产品的销售增长与广告费、技术服务费的增加及消费者收入增长的关系。

因果性调查就是在收集到的资料的基础上找出在这些关联现象中什么是因、什么是果，以及在影响结果的诸多因素中哪些是主因、哪些是次因。

(4) 预测性调查

通过对现行和以往资料的收集整理，对企业未来发展的趋势作出合理的预测。主要目的是为了帮助企业在竞争中能随时把握市场变化发展的脉络，不致被市场淘汰。

3. 市场调查的内容

市场调查的内容主要有：消费者的情况调查、企业竞争者的情况调查、市场方面的情况调查。

(1) 消费者的情况调查

市场营销的核心是如何最好地满足消费者的需求，消费者是市场营销活动的主体，消费者的行为习惯和消费特点将直接影响到一个企业营销的命运。因此，开展市场营销调查，首先要调查消费者的情况。消费者的情况调查主要包括消费需求量调查、消费结构调查、消费动机和行为特点调查、潜在市场调查等。

1) 消费需求量调查

消费需求量直接决定市场规模的大小，影响需求量的因素有货币收入及适应目标消费人群两个方面。估计市场需求量时，要将人口数量和货币收入结合起来考虑。

2) 消费结构调查

消费结构是消费者将货币收入用于不同商品的比例，它决定了消费者的消费取向。对消费结构的调查包括以下几部分：人口构成、家庭规模和构成、收入增长状况、商品供应状况以及价格的变化。

3) 消费动机与行为特点调查

实施这方面的调查主要是试图通过对消费者购买本企业产品的原因，购买的时间、地点和方式，消费者对产品的喜好、忠诚、偏爱的程度等的了解，为企业确定产品的质量、品种、式样、价格、销售渠道以及促销方式等提供资料。

4) 潜在市场调查

主要目的是发现潜在目标市场，调查渠道是驾驶学校、已有用户、目标群体、汽车维修场所等。

(2) 企业竞争者的情况调查

竞争者情况调查包括一般竞争状况调查和主要竞争对手调查两方面的内容。其中重点是对主要竞争对手进行调查。

调查中要了解：主要竞争对手对市场的控制能力有多大，消费者对主要竞争产品的认可程度，汽车市场容量以及竞争者的市场占有率，市场竞争程度如何，竞争对手的销售能力和市场计划，竞争者对经销渠道的控制程度和方法，竞争者所售的车型和服务的优势、劣势在哪些方面等。

(3) 市场方面的情况调查

市场情况调查是对企业在市场营销活动中涉及的各种可控因素和不可控因素的变化状况的调查。通常包括汽车市场营销环境调查、产品调查、产品价格调查、销售渠道调查、促销调查。

1) 汽车市场营销环境调查

它是对影响企业市场营销的环境因素进行的调查，这种营销环境的调查可以分为微观环境的调查和宏观环境的调查。前者的调查对象包括企业自身、营销中介、顾客和竞争对手，后者的调查对象包括人口、经济、自然、科技、政治法律以及社会文化等因素。通过这些市场环境因素调查，以便于企业根据市场环境的变化发展状况，合理有效地组织营销活动。

2) 产品调查

汽车产品调查包括汽车销售服务能力、产品实体、产品生命周期的调查。汽车销售服务能力调查主要包括销售能力调查和市场供应能力调查，体现在供货渠道、售后服务的质量、维修设备的先进程度、技术水平、资金使用状况、人员素质等。产品实体调查是对产品本身各种性能的好坏程度做出调查，包括产品规格、产品类型和产品外观认可程度的调查。产品生命周期的调查中，在产品的不同生命周期所调查的内容也不同，如在投入期调查的主要内容是消费者购买此种产品的动机、对价格的承受力、需求程度和优势所在等。

3) 产品价格调查

在制定汽车价格时，不仅要考虑产品的成本支出，还要了解市场竞争情况。因此，有必要了解市场中同类商品的价格情况，为企业定价提供依据。汽车产品价格调查主要包括以下内容：目标市场不同阶层顾客对产品价格的承受能力，竞争车型的价格水平及销售量，提价和降价带来的反应，目标市场不同消费者对产品的价值定位，现有定价能否使企业盈利，盈利水平在同类企业中居于什么地位。

4) 销售渠道调查

销售渠道调查主要是了解企业应选择什么样的销售渠道将产品顺利地分销出去，了解企业应该选择何种运输方式、怎样的运输路线才能将产品以较低的运输费用、尽早地送到消费者手中。

5) 促销调查

促销调查就是要了解不同促销方式的优缺点以选择正确的促销组合。促销调查的内容包括广告宣传、公关活动、现场演示、优惠活动。

4. 市场调查对象的选择

市场营销调查按调查对象的范围不同，可以分为市场普查、个案调查和抽样调查三种。

(1) 市场普查

市场普查就是对调查对象的所有构成要素逐一进行调查，属一次性调查。目的是为了尽可能全面准确地获得统计资料。市场普查仅适用于范围和用户都很有限的一些专用产品，原因有以下三个方面。

1）大型普查需要耗费大量的财力、物力和时间。

2）大型普查需要大量调查员参加，而各调查员素质的差异会影响调查结果的准确性。

3）由于调查所用的时间长，其结果往往会失效。

(2) 个案调查

个案调查包括重点调查和典型调查两种。

重点调查是在全体调查对象中选取部分重点单位进行的调查。

典型调查是在全体调查对象中选取具有典型意义的单位所进行的调查。典型单位根据调查目的和调查对象的特点来确定。

个案调查的优点是以较少的费用开支，了解调查对象的基本情况；缺点是适用范围不广。

(3) 抽样调查

抽样调查是从全体调查对象中抽取部分对象作为样本进行调查，用所得的调查结果来推断、说明总体的调查方法。它分随机抽样调查和非随机抽样调查两大类。抽样调查的设计一般包括三项内容。

1）确定抽样对象

抽样对象是指对哪些人进行调查。抽样对象并不总是显而易见的，例如，要想了解家庭购买汽车的决策过程，究竟应调查丈夫、妻子，还是其他成员，只要购买者、使用者、决定者和影响者处于分离状态（即不是由一人承担），调研人员就需要对抽样对象作出选择。

2）确定样本大小

样本大小指调查多少人。大样本当然比小样本提供的结果更可靠，但大样本的调查成本高，而且往往没有必要。只要抽样程序正确，即使样本不足总体的1%，也同样能提供可靠的调查结果。

3）确定抽样方法

抽样的方法有多种，通常可分为非随机抽样调查和随机抽样调查两大类。

①非随机抽样。非随机抽样是按照调查者主观设定的某个标准抽取一定数目的单位进行调查。选取样本能否代表调查的总体取决于调查者的经验与判断。

非随机抽样有三种具体方法：

一是任意抽样法。调查人员任意选择样本，例如在街上任意找几个行人，问其对某种产品的看法和印象。

二是配额抽样法。首先对总体进行分组，然后由调查人员从各组中任意抽取一定数量的样本。

三是判断抽样法。调查人员根据自己的经验判断由哪些个体作为样本。

②随机抽样。随机抽样调查是根据随机原则从调查总体中选取部分调查对象作为调查样本，用样本数据推算总体的一种调查方法。由于遵循随机原则，总体中每一个个体被抽取的机会均等。

根据抽样技术的差别，常用的随机抽样方式有三种：

一是简单随机抽样。在调查对象总体中不做任何主观的选择，按偶然的机会抽取样本，使每个个体被抽为样本的机会均等。

二是分层有机抽样。对总体按某种特征（如年龄、性别、职业等）进行分层，然后在每一层中用简单随机抽样方式抽取样本进行调查。

三是分群随机抽样。将调查对象总体按一定标准划分为若干个群，然后采用简单随机抽样法抽出一定数量的群体作为样本，最后对抽取样本进行普查，以此推断总体的特征。典型的分群随机抽样是按地理区域进行分群的。

5. 市场调查的方法

市场调查的方法很多，常用的主要有文案调查法、询问法、观察法、实验法等（见图2—2—2）。

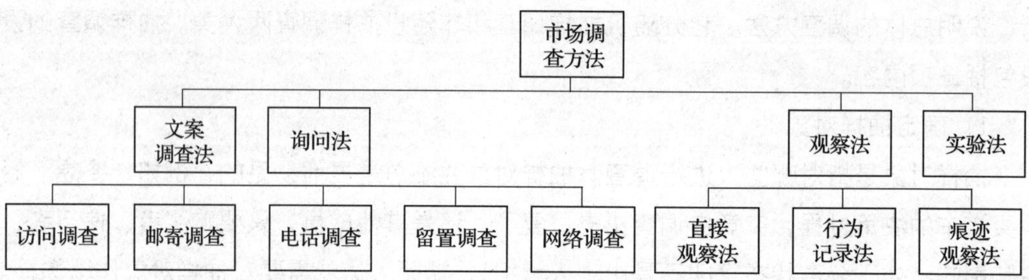

图 2—2—2 市场调查的方法

（1）文案调查法

文案调查法是指通过搜集各种历史和现实的动态统计资料（第二手资料），从中摘取与市场调查课题有关的情报，在办公室内进行统计分析的调查方法。

这种方法主要是通过调查人员向有关方面索取资料，或从网络中搜寻，或通过剪报、摘录等方式获得。其资料来源主要有以下几方面。

1）企业内部积累的各种资料，如业务记录、统计报表、工作总结等。

2）国家机关公布的国民经济发展计划、统计资料、政策、法令、法规，以及一些内部文件等。

3）各行业协会、联合会提供的资料。

4）国内外的公开出版物，如报纸、杂志、书籍及图书刊登的新闻、报道、消息、评论、调查报告等。

5）各研究单位、学会、专业情报机构和咨询机构提供的市场情报和研究结果。

6）企业之间交流的有关资料。

(2) 询问法

询问法是通过询问的方式收集市场信息，也就是向被调查者提出询问，以获得所需资料的一种方法。按调查者与被调查者之间的接触方式不同，询问法可分为访问调查、邮寄调查、电话调查、留置调查和网络调查五种形式。

1）访问调查

即调查人员当面向被调查者提问，以获得所需的情报、信息。它的优点主要是：有激励效果，有观察机会。这种方法的缺点是：调查费用较高，并且被调查者有可能受到调查人员的诱导而提供不真实的答案。

2）邮寄调查

即调查人员将设计好的调查表邮寄给被调查者，请调查者填好寄回。邮寄调查要注意的是，所提问题必须简明，不宜过多。邮寄调查的优点是：调查区域广泛，可免除调查员的偏见，并能与群体或家庭成员交换意见。其缺点是：通常回收率较低，各细分市场的回收率不一致，费时较长，仅限于简单的问题，答卷者可能不是调查对象。

3）电话调查

即通过电话向被调查者对调查的内容征求意见的调查方法。它的优点是：情报及时，资料的统一程度高，可以对难以接触的被调查者及不宜上门调查的家庭进行调查。其缺点是：电话号码随意性太大；仅限于简单提问；照片和图样等无法利用；一般仅限于本市，否则费用过大。

4）留置调查

留置调查是指访问员至受访者家中访问，委托协助调查并留下问卷，日后再回收问卷的方法。优点是：即使问题项目多，受访者还是可依据自己的时间从容作答；可回答难以当面回答的问题；访问时即使受访者不在家，也可进行调查；受访者意见不易受调查人员的影响。缺点是：难以确认是否是受访者本人的回答，即使是本人回答，也可能受家人朋友意见的影响；调查地域范围有限，也不利于对调查人员的管理监督。就方法本身而言，留置调查是介于走访和邮寄调查之间的一种折中方法。

5）网络调查

指利用网络技术进行信息收集的一种方法。目前，网络调查的方式主要有：E－mail法、Web站点法、专业网站调查法等。优点是：由于互联网不受时空、地域限制，因此，网络调查具有地域广泛性、信息及时与共享性、操作便捷性和经济性等优点；由于调查者与被调查者不进行任何接触，结果有较强的准确性。其缺点是：网络的安全性问题有待改善；企业和消费者对网络调查缺乏了解和信任，影响其使用效果；网络调查技术有待完善，专业人员匮乏；网络普及率不高，拒防现象大量存在，影响调查结果的可靠性；无限制样本、重复投票等问题令人困扰。

（3）观察法

观察法是由调查人员直接或使用仪器在现场观察调查对象的一种方法。在观察过程中，调查对象不知道自己被调查，行动一往如故，毫无掩饰成分，所以观察结果准确客观。观察调查法的优点是根据调查目的，比较客观、正确地收集所需资料。其缺点在于费用较大，并且只限于观察人的外部行为，而对行为背后的动机则无能为力。如观察法并不能解释消费者的购买动机、计划与意见。在观察的同时，应结合询问法进一步了解、收集系统资料。

观察法常用的方法有以下几种。

1）直接观察法

直接对调查对象进行观察。例如调查消费者对品牌、业务性能的爱好与反应，可派人到零售商店柜台前观察购买者的选购行为。

2）行为记录法

一般将摄像机、照相机等设备装到现场，将被调查者的行为如实地记录下来。

3）痕迹观察法

这种方法不直接观察被调查对象的行为，而是观察被调查对象留下的实际痕迹。例如，在4S店维修车间，注意观察车主喜欢在车内放置何种摆件，作为以后精品销售的参考。

（4）实验法

实验法起源于自然科学的实验求证。这里所谓的“实验”是先在一定的小范围内进行实验，然后再研究是否大规模推广的市场调查方法。当要推出一种新产品或新推销策略时，按要调查的项目选择一定的地点、对象、规模，开展小范围内的实验，对其结果进行全面分析、评价，了解有无大规模推广的价值，应如何改进才最有效等。

实验法的优点是：方法科学，可获得较准确的原始资料，作为预测销售额的重要依据。实验法的缺点是：不易选择社会经济因素相类似的实验市场，且实验时间较长，成本较高。

【能力训练】

某4S汽车专营店××年市场调查方案

一、背景

随着社会生产力的发展，汽车产量不断增加，消费者有了更多选择的余地。汽车销售市场已进入买方市场，如何更好地满足消费者的需求就等于抓住市场，这关系着企业的命运。××市是汽车消费大市，研究××市的汽车市场具有代表意义。

二、目的

1. 调查××市范围内汽车4S店，目的是了解汽车销售市场情况，为本企业的市场定位、决策提供可靠的调研依据。

分析××品牌4S店的销售渠道、媒体投放、产品终端和产品情况，以及消费者的产品期望，明确其自身的优势和劣势，以及面临的机会和威胁。

2. 了解消费者对汽车的认知，确认对汽车的接受程度。

3. 了解产品的知名度以及美誉度，确定今后营销计划的方向。

三、调查内容

根据上述调研目的，确定本次调研的内容主要包括以下几方面。

1. 用户的特点调查：不同人群的用车情况、车辆变动情况。

2. 影响用户的因素：价格、安全性、油耗、维修成本、驾驶乐趣、个人偏好。

3. 用户的需要调查：现实需要、潜在需要、不购买。

4. 不喜欢自动挡或手动挡的原因，为汽车投放比例提供参考。

5. 对产品前期的销售宣传做一个调查，须主要掌握的信息有以下两点。

(1) 对于××汽车品牌的了解程度——是否知道以及是否使用过。

(2) 对于××汽车品牌印象的评价。

此外，还需收集包括消费者的年龄、性别、收入、职业等背景资料以备统计分析之用。

四、调查方法

本次调查主要是问卷调查，因此，需拟定问卷，其中有单选题、多选题、排序题和填空题。

五、汽车产品的市场调查问卷（附件）

亲爱的女士、先生：

您好！我们是××4S店的销售人员，正在进行一个关于本市汽车市场的调研，下面请您花几分钟的时间回答一些问题。您所提供的信息对我们这次调查的结果十分重要，非常感谢您的支持与合作！

（填写说明：请在选项上划“√”）

1. 您的个人情况：

(1) 年龄：□19～28岁　□29～39岁　□40～49岁　□50～59岁　□60岁及以上

(2) 婚姻：□已婚　□未婚

(3) 职业：□教师　□公务员　□医生　□公司职员　□个体商户　□其他

(4) 个人平均月收入：□2 000～3 000元　□3 000～5 000元　□5 000～7 000元　□7 000元及以上

2. 您对下列轿车的哪些品牌感兴趣？（多项选择）

A. 自主品牌：□中华　□东南　□海马　□奇瑞　□吉利　□力帆　□长安　□比亚迪　□北汽　□一汽轿车　□东风　□上汽荣威　□名爵

B. 欧系品牌：□奔驰　□宝马　□保时捷　□大众　□奥迪　□斯柯达　□沃尔沃　□雷诺　□雪铁龙　□标致　□菲亚特　□法拉利　□宾利

C. 日韩品牌：□本田　□阿库拉　□日产　□英菲尼迪　□三菱　□丰田　□雷克萨斯　□富士重工斯巴鲁　□铃木　□马自达　□现代　□起亚　□大宇　□双龙

D. 美系品牌：□通用别克 □雪佛兰 □卡迪拉克 □克莱斯勒 □福特 □捷豹

3. 如果您将要购买汽车，您想购买哪种类型的汽车？

□微型轿车 □紧凑型车 □中高级车 □MPV 多功能车 □SUV 越野车

4. 您购买轿车时主要考虑下面哪些因素？

□质量 □价格 □品牌 □较低的维护费用

□油耗 □操纵性 □舒适性

5. 您一般通过哪些渠道了解有关汽车的信息？

□展厅 □车展 □报纸 □电视 □广播 □网络 □朋友推荐

6. 您比较关注下列哪些汽车促销活动？

□降价 □送礼 □折扣 □保险优惠 □长保修期

7. 您对售后服务有哪些要求？

□4S 店主动提醒按时维修保养 □维修保养价格的满意度

□4S 店的覆盖面是否满足售后需求 □经常举办车友会活动

六、调查地点

汽车 4S 店、大型卖场门口、汽车修理厂以及驾校等。

七、调查进程

1. 前期准备

（1）经小组讨论拟定调查方向，确定此次调查的意义、目的，明确调查主题。

（2）明确调查内容、方法，确定调查人群。经费预算包括：员工外出津贴（含交通、伙食补助）2 300 元，礼品费 5 000 元，印刷费、材料费 500 元，共计 7 800 元。

（3）准备问卷，确定访谈内容。

2. 中期调研

（1）拟定实地调查计划，分派人员进行调研。调研人员共分为 5 组，每组 3 人：1 人发放问卷，1 人发放礼品，组长负责整理。5 组分别在本市 5 个区进行调研，时间为 3 天，每组每天至少应完成 100 份有效问卷。

（2）进行实地 4S 店、企事业单位调查，发放调查问卷。

（3）完成调查，了解消费者对汽车手动挡或自动挡的偏好。

3. 后期总结

（1）统计资料，撰写调查报告。

（2）制作展示 PPT，完成调研。

八、市场分析与展望

分析受众消费心理，对本次营销活动的前景进行展望。

九、结论

通过调查结论分析，写出对本次营销活动的启示及建议。

二、制定市场调查方案

1. 市场调查的步骤

市场调查一般可分为三个阶段，即：调查准备阶段、调查实施阶段和分析总结阶段（见图2—2—3）。

图2—2—3 市场调查步骤

（1）市场调查准备阶段

1）确定问题与调查目标

市场调查的主要目的是收集与分析资料，帮助企业更好地作出决策，以减少决策的失误。因此，调查的第一步就要求决策人员和调查人员认真地确定和商定调查研究的目标。俗话说："对一个问题作出恰当的定义等于解决了一半。"在任何一个问题上都存在着许许多多可以调查的事情，如果对该问题不作出清晰的定义，那收集信息的成本可能会超过调查提出的结果价值。

例如，某品牌4S店发现其销售量在今年大幅下滑，管理者想知道真正原因究竟是什么。

确定问题：①出现金融危机？②增加了新的竞争对手？③产品设计落伍？④促销手段不力？

市场调查者应先分析有关资料，然后找出研究问题，并进一步作出假设，提出研究目标。假如调查人员认为上述问题使消费者偏爱转变的话，再进一步分析、提出若干假设。如：

①消费者认为该公司产品外观陈旧。

②竞争车型的最新款增加了很多配置。

调查目标：作出假设、给出研究目标的主要原因是为了限定调查的范围，确定问题和假设之后，下一步就应决定要收集哪些资料，这自然与调查的目标有关。例如：

①消费者对本公司产品及其品牌的态度如何？

②消费者对本公司品牌产品价格的看法如何？

③本公司品牌的电视广告与竞争品牌的广告，在消费者心目中的评价如何？

④不同社会阶层对本公司品牌与竞争品牌的态度有无差别？

2）制订调查计划

调查目标明确以后，就应着手编制一份专门的调查计划，调查计划的内容应包括资料的收集整理、调查方法的选择和调查费用预算等项目。

①资料的收集整理。如果没有适用的现成资料（第二手资料），原始资料（第一手资料）的收集就成为必需步骤。采用何种方式收集资料与所需资料的性质有关。收集资料方法包括

实验法、观察法和询问法。

②抽样设计问题。在调查设计阶段就应决定抽样对象是谁，应采用何种抽样方法。采用随机抽样还是非随机抽样，具体要视该调查所要求的准确程度而定。随机抽样的评估准确性较高，且可评估抽样误差，从统计效率来说，以随机抽样为好。不过从经济观点来看，非随机抽样设计简单，可节省时间与费用。

③估算调查费用。每一次市场调研都需要支出一定的费用，调查目标不同，调查方法不同，调查项目多少不一，所需费用亦不相同，而调查规模、方式对费用更是有着直接影响。因此，在制订计划时，应编制调查费用预算，合理估计调查的各项开支。调查费用一般包括总体方案策划费、抽样方案设计费、调查问卷设计费、印刷费、调查实施费（包括调查员培训费、差旅费、礼品费、劳务费等)、数据统计分析费、办公费用、咨询费等。

(2) 市场调查实施阶段

1) 选择和安排工作进度日程

选择和安排工作进度日程，列出工作时间表。工作进度日程是对各类调查项目、调查方法的工作程序、时间、方法等要求做出的具体规定。

2) 收集、整理、分析资料

调查中的数据收集阶段是花费时间最多且又最容易失误的阶段。因此，调查人员在计划实施过程中，要尽量按计划去进行，使获取的数据尽可能反映事实。这就要求调查人员应具备一定的素质，在整个信息搜集过程中能排除干扰，获得理想的信息资料。

由于从问卷和其他调查工具获取的原始资料是杂乱无章的，所以无法直接使用原始资料。调查人员应按照调查目标的要求，进行统计分析，以发现有助于营销管理决策的信息。

(3) 分析总结阶段

该阶段的工作有：调查资料的汇总整理、编写调查报告等。

1) 调查资料的汇总整理

首先应对资料进行校核，剔除不必要的、不可靠的资料，以保证资料的可靠性和准确性。校核后的资料要按内容进行分类和编码，编制每一类别的统计表。在此基础上，市场调查人员应运用统计方法对资料做必要的分析，并将分析结果提供给有关方面作为参考。一般使用的统计方法有多维分析法、回归分析法和相关分析法等。

2) 编写调查报告

资料经过分析后，调查人员可以从中得出相关结论。

一次完整的市场营销调查，要求市场调查者必须将其通过调查所获得的结论，以调查报告的方式汇总提出。市场营销调查报告按内容划分，可分为专题性报告和一般性报告。前者是供专门人员做深入研究用的，后者着重报告市场调研成果，提出调研人员的结论及建议，供营销决策者参考。但无论何种形式的报告，都应包括以下四项内容。

①引言。要说明调查的目的、对象、范围、方法、时间、地点等。

②摘要。简明扼要地概括整个调查结论和建议事项，它也许是企业决策层人士所阅读报告的唯一部分，因为他们太忙，所以对复杂的细节不感兴趣。

③正文。详细说明调查目标、调查过程、结论和建议。

④附录。包括样本分配、数据图表、问卷附件、访问记录、参考资料目录等。

2. 市场调查问卷设计

调查问卷的设计是营销调查的重要一环。调查问卷设计得是否完善，直接影响到调查效果。一份好的调查问卷既能使调查部门达到调查的目的，又能使被调查者乐意合作。

(1) 问卷的构成

一份比较完善的调查问卷通常由以下四部分构成。

1) 调查问卷说明

其内容主要包括填表目的和要求、被调查者应注意的事项、交表时间等。

2) 被调查者的基本情况

包括被调查者的年龄、性别、职业、文化程度、住址、家庭人均月收入等。

3) 调查内容

调查内容是指所调查的具体项目，它是问卷的最重要的组成部分。

4) 编号

有些问卷需要编号，以便分类归档、汇总统计。

(2) 问卷设计的注意事项

1) 问题排列的顺序必须按普通人的思考顺序，由简单到复杂，由表面直觉到深层思考。

2) 问卷中问句的表达要通俗易懂，意思明确，不用模棱两可、含混不清的问句，更要避免使用“一般”“经常”等词语。

3) 避免使用引导性问题或带有暗示性的问题。

4) 调查语句要有亲切感，并考虑到答卷人的自尊。

5) 避免涉及个人隐私。

6) 问卷中各问题之间的间隔要适当，文字印刷要清晰，以便答卷人看卷时有舒适感。

7) 要求在设计调查问卷时，问卷不宜过长，问题不能过多，一般控制在 15 min 左右回答完毕，否则会使被调查人因时间过长而敷衍答卷，影响问卷调查的效果。

(3) 问卷设计的几种方法

1) 二项选择法（又称是否法、真伪法）

此方法设计问题的回答项目非此即彼，简单明了，形式一般如下：

你是否准备在今年购买轿车?

A. 是　　B. 否

这类问题的答案通常是互斥的，调查结果统计得到“是”与“否”的比例，由于回答项

“是”与“否”之间没有任何必然的联系，因此得到的只是一种定性分析，说明不同回答所占比例，比例大的部分影响力和重要性比较大。

2）多项选择法

有些问题为了使被调查者完全表达要求、意愿，还需采用多项选择法，根据多项选择答案的统计结果，得到各项答案重要性的差异。

3）程度尺度法

研究同质间的不同程度差别，通常用“很好”“较好”“一般”“较差”“差”一类的回答来表述，形式一般如下：

①您是否想购买一辆 SUV?

A. 非常想买　　B. 想买　　C. 不一定

D. 不想买　　E. 非常不想买

②您觉得目前主流 SUV 的价格如何?

A. 很贵　　B. 贵　　C. 适中　　D. 便宜

这两个问题的结果，单纯看来，次数差距小，问题表现得不很鲜明。然而，若将两个问题交叉，结果是表现出价格的认可程度与产品的可接受性有一个非常高度的相关。这种意义只有在交叉表中才能得到。

4）顺序法

这种方法就是列举出若干项目，以决定其中较重要的顺序方案。

【能力训练】

市场调查问卷的设计

根据以上所学，设计出一份汽车市场调查问卷，注意不要涉及消费者隐私，也不要让消费者难于回答，尽量采用选择和判断的形式，并注明参与调查的鼓励方法（如赠送小礼物、参加抽奖、购车优惠等）。

§2—3　汽车市场营销预测

学习目标：

1. 能够分析汽车市场营销预测的内容。
2. 能够讲出汽车市场营销预测的步骤。

一、市场预测的概念

市场预测就是利用市场调查研究所获得的资料，运用已有的知识、经验和方法，对未来发展趋势进行预计和推测，定性或定量地估计出事物的发展规律。

市场预测是企业进行经营决策的重要前提条件，是企业制订经营计划的重要依据，同时可使企业更好地适应市场的变化，提高企业的竞争能力。

二、汽车市场预测的内容

汽车市场预测的内容概括起来主要有以下几个方面（见图 2—3—1）。

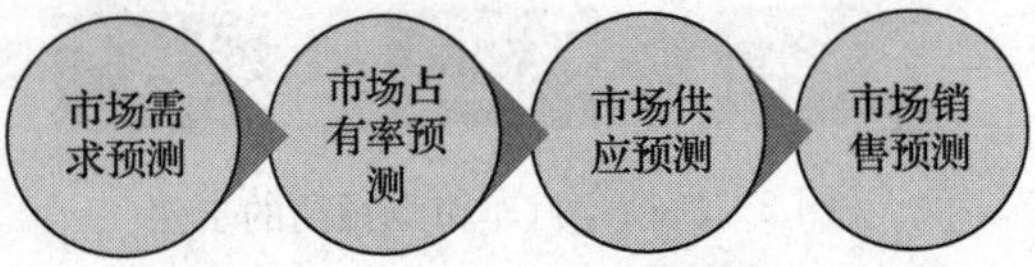

图 2—3—1　汽车市场预测的内容

1. 市场需求预测

这是根据有关资料对汽车产品未来的需求变化进行细致的分析研究，掌握需求的内在规律，对需求发展趋势作出比较正确的估计和判断。具体内容有以下几方面。

(1) 需求总量预测

对购买力增长速度与总量、购买力投向及消费构成变化等进行预测。

(2) 需求影响因素变化预测

即对引起需求变化的各种影响因素的变化趋势、变化时间、变化程度进行预测，以便寻求变化的深层原因。

(3) 需求变化特征预测

即对未来消费者需求变化的特点作出预测。

2. 市场占有率预测

市场占有率是指在一定的市场范围内，企业某种产品的销售量或销售额与该市场上同类产品的总销量或销售额之间的比率。即：

$$市场占有率=\frac{本企业某种或某类产品销售量（销售额）}{市场上同类产品的总销量（销售额）}\times 100\%$$

市场占有率预测是对某种产品的某品牌需求量或最好销量的预测。对于市场需求预测，主要考虑的是市场环境发展变化对需求量的影响，而市场占有率预测着重考虑的是产品本身的特性和销售努力对销售量的影响。

3. 市场供应预测

市场供应预测是对全部汽车产品供应能力及其发展趋势进行预测，了解市场上所有汽车产品的生产能力和布局、资源、能源等情况，以及汽车产品的数量、质量和性能等，并且预测其发展变化趋势。

4. 市场销售预测

销售预测是对本企业汽车产品销售量、销售价格及营销效益进行的预测，它是在市场需求预测基础上进行的一个深层次的预测。

销售量预测是在市场需求预测和市场占有率预测的基础上，对今后一定时期内销售水平的具体测算。其计算公式为：销售量＝市场需求量×市场占有率。

三、汽车市场预测的步骤

图 2—3—2　汽车市场预测的步骤

1. 确定预测目标

明确目的是开展市场预测工作的第一步，因为预测的目的不同，预测的内容和项目、所需要的资料和所运用的方法都会有所不同。明确预测目标，就是根据经营活动存在的问题，拟定预测的项目，制订预测工作计划，编制预算，调配力量，组织实施，以保证市场预测工作有计划、有节奏地进行。

2. 收集资料

围绕预测目标，收集信息资料。有了充分的资料，才能为市场预测提供进行分析、判断的可靠依据。在市场预测计划的指导下，调查和收集有关资料是进行市场预测的重要一环，也是预测的基础性工作。

3. 选择预测方法

根据预测的目标以及各种预测方法的适用条件和性能，选择出合适的预测方法。有时可以运用多种预测方法来预测同一目标。预测方法的选用是否恰当，将直接影响到预测的精确性和可靠性。运用预测方法的核心是建立描述、概括研究对象特征和变化规律的模型，根据模型进行计算或者处理，即可得到预测结果。

4. 分析预测误差

预测误差是预测值与实际值之间的差额。对预测者而言，应尽量将这种误差控制在许可的限度内，否则，市场预测将失去意义。这就要求预测人员必须分析预测误差产生的原因和误差的程度，寻求将预测误差控制在允许值内的方法。

5. 编写预测报告

确定预测值，并提出正式预测报告。预测报告应该概括预测研究的主要活动过程，包括预测目标、预测对象及有关因素的分析结论、主要资料和数据，预测方法的选择和模型的建立，以及对预测结论的评估、分析和修正等。

四、汽车市场预测的方法

汽车市场销售预测多数是以已有车辆的短期预测为主题。已有车辆是指以现有的市场为对象，对从过去到现在，以至于将来可持续销售下去的车辆而言，因此，该预测资料大多以过去的实绩为依据。预测方法主要有定性预测法和定量预测法（见图 2—3—3）。

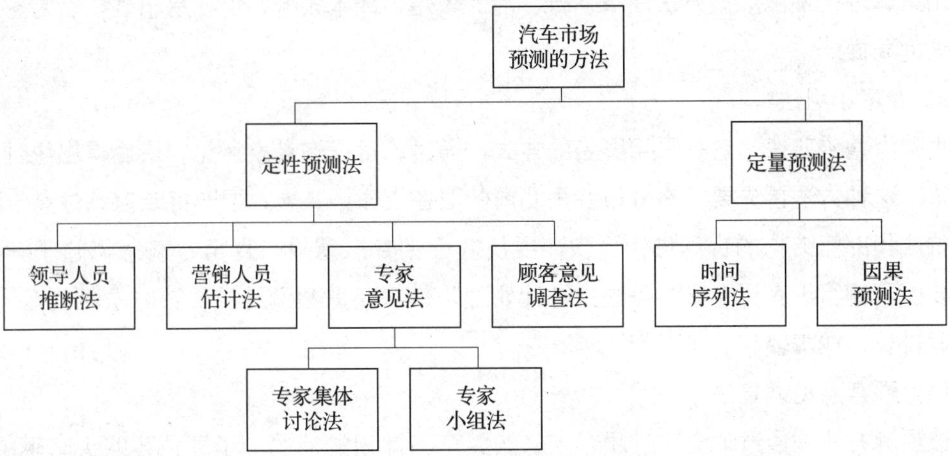

图 2—3—3　汽车市场预测的方法

1. 定性预测法

定性预测法主要是根据人们的主观经验、知识和综合分析能力，通过对有关资料的分析推断，对未来市场发展趋势作出估计和测算。

定性预测法主要有：领导人员推断法、营销人员估计法、专家意见法、顾客意见调查法。

（1）领导人员推断法

它是指由企业负责市场营销工作的领导，召集有关营销人员共同进行分析，经过充分讨论，广泛交换意见，然后从多种意见或方案中，由领导者选择一个或几个较理想的方案进行预测。此方法不需要经过精确的设计即可简单迅速地进行，所以，当预测资料不足，而预测者的经验相当丰富的时候，这是一种最适宜的方法。

（2）营销人员估计法

汽车营销员接近用户，对车辆是否畅销、滞销比较了解，对车辆品种、规格、式样的需求等也都比较了解。所以，可以根据汽车营销员的意见来推测市场需求。

这种方法是这样进行的：先让每个参与预测的汽车营销员对下一年度的销售最高值、最可能的值、最低值分别进行预测，算出一个概率值，然后再根据不同人员的概率值求出平均预测值。

（3）专家意见法

专家意见法是由相关专家集体对市场作出预测的方法。这种方法可以发挥专家学者与企业领导的作用，又可以克服企业领导和推销人员的片面性。常用的专家意见法有专家集体讨论法和专家小组法。

1）专家集体讨论法

它是根据预测的目的和要求，邀请相关专家（如产品研发、产品营销等领域专家），就产品本身情况、市场动态、产品适用情况等问题，通过会议讨论、分析，作出判断，最后形成一个集体性的预测。该方法简单易行，耗时较短，成本较低，但容易出现权威专家左右会议决议的局面。

2）专家小组法

也称为德尔菲法，它是采用匿名的方式，通过轮番征询专家意见，最后得出统计预测值的方法。这种方法首先要求充分做好预测前的准备工作；其次，要选好专家，注意专家们的专业构成和部门结构的合理性；再次，要反复征询专家意见，直至专家意见趋于一致；最后，要由预测组织者对专家意见进行统计处理，最终获得预测结果。该方法相对公平公正，但耗时较长，成本较高。

(4) 顾客意见调查法

该预测方法是通过调查咨询顾客未来购买车辆计划的情况，了解顾客购买车辆的活动、变化及特征等，然后在收集整理顾客意见的基础上分析市场变化，预测未来的市场需求。

调查的形式一般采用销售现场直接询问、电话询问、入户访问、问卷调查等形式。

这种预测法能较好地考虑目标人群的消费特征，因此，有一定的准确性，但因样本选择范围和消费者认识的限制，一般只作为其他方法的参考预测值。

2. 定量预测法

定量预测法是根据掌握的数据资料，运用统计方法和数学模型近似地揭示预测对象的数量变化程度及其结构关系，并据此对预测目标作出量的测算。

定量预测法主要有：时间序列法、因果预测法。

(1) 时间序列法

时间序列法是将历史的数据按时间顺序加以排列，构成一组统计的时间序列，然后向外延伸，预测市场未来发展趋势的方法。这种方法是选用过去资料找出一定的发展规律，将未来的趋势与过去变化相类似地进行预测。

常见的具体方法有：移动平均法、加权移动平均法、指数平滑法、直线趋势法。

(2) 因果预测法

从事物发展变化的趋势出发，寻找市场变化的原因，分析原因和结果之间的关系，建立数据模型，据此预测市场未来发展变化的可能水平。这是一种比较复杂的预测技术，理论性较强，预测结果比较可靠。由于需要从资料中找出某种因果关系，所以需要的历史资料较多。

【能力训练】

为某 4S 店汽车专营公司制定市场研究方案

根据所学知识，为某汽车品牌 4S 店拟订一份市场研究方案。该方案应包含以下几点内容。

一、背景

二、目的

三、调查内容

四、调查方法

五、汽车产品的市场调查问卷（附件）

六、调查地点

七、调查进程

1. 前期准备

2. 中期调研

3. 后期总结

八、市场分析与展望

九、结论

第三章 汽车营销策略

§3—1 汽车营销品牌策略

学习目标：

1. 了解汽车品牌的概念、种类，并能熟练识别各种汽车品牌的标识。
2. 了解市场细分的概念及依据，并能根据相关理论，分析某汽车品牌产品的细分。
3. 理解市场定位的概念及战略，学会运用理论知识分析具体情况。

一、了解汽车品牌

1. 汽车品牌的种类

汽车品牌在汽车销售市场上一般都以汽车生产厂家的所在地进行分类。

（1）源自美国的汽车品牌

通用汽车旗下品牌包括：别克、凯迪拉克、雪佛兰等。

福特汽车旗下品牌包括：福特、林肯、水星等。

克莱斯勒汽车旗下品牌包括：克莱斯勒、道奇、吉普等。

（2）源自欧洲的汽车品牌

德国汽车品牌：梅赛德斯—奔驰、大众、奥迪、宝马、保时捷、欧宝等。

意大利汽车品牌：法拉利、菲亚特、阿尔法·罗密欧、兰博基尼等。

英国汽车品牌：劳斯莱斯、宾利、迷你汽车、捷豹等。

法国汽车品牌：雪铁龙、标致、雷诺等。

瑞典汽车品牌：富豪、萨博（通用公司控股）。

（3）源自日韩的汽车品牌

日本汽车品牌：雷克萨斯、丰田、本田、日产、三菱、马自达等。

韩国汽车品牌：现代、起亚、大宇（通用控股）。

2. 汽车品牌概述

（1）品牌的概念

品牌是一个复合概念，它由品牌外部标记（包括名称、术语、图案等）、品牌识别、品牌联想、品牌形象等内容构成，品牌名称和品牌标志是基础部分。品牌名称是品牌中可以用语言称呼的部分，如汽车品牌中的“别克”“林肯”“丰田”“本田”等；品牌标志是品牌中可以被认出但不能直接用语言称呼的部分。

(2) 各种汽车品牌的标志

宝马：BMW，宝马标志中间的蓝白相间图案，代表蓝天、白云和旋转不停的螺旋桨，喻示宝马公司渊源悠久的历史，象征该公司过去在航空发动机技术方面的领先地位，如图 3—1—1 所示。

奥迪：AUDI，奥迪轿车的标志为四个圆环，代表着合并前的四家公司。这些公司曾经是自行车、摩托车及小客车的生产厂家。由于该公司原是由 4 家公司合并而成，因此每一环都是其中一个公司的象征，如图 3—1—2 所示。

图 3—1—1　宝马标志

图 3—1—2　奥迪标志

奔驰：Mercedes—Benz，1909 年 6 月，戴姆勒公司登记了三叉星作为轿车的标志，象征着陆上、水上和空中的机械化，如图 3—1—3 所示。1916 年在它的四周加上了一个圆圈，在圆的上方镶嵌了 4 颗小星，下面有梅赛德斯“Mercedes”字样。“梅赛德斯”是幸福的意思，意为戴姆勒生产的汽车将为车主们带来幸福。

法拉利：FERRARI，法拉利车的标志是一匹跃起的马，如图 3—1—4 所示。在第一次世界大战中，意大利有一位表现非常出色的飞行员，他的飞机上就有这样一匹会给他带来好运气的跃马。在法拉利最初的赛车比赛获胜后，该飞行员的父母——一对伯爵夫妇建议：法拉利也应在车上印上这匹带来好运气的跃马。后来这位飞行员战死了，马就变成了黑颜色；而标志底色为公司所在地摩德纳的金丝雀的颜色。

图 3—1—3　奔驰标志

图 3—1—4　法拉利标志

本特利（宾利）：BENTLEY，尔特·欧文·本特利在 1919 年生产第一辆四汽缸赛车时，车上就带有一个徽章，上面是一对隼鹰翅膀簇拥着本特利的开头字母“B”，如图 3—1—5 所示。现在四汽缸汽车已不再生产，而“B”字徽章仍是本特利的象征。本特利轿车标志是以公司名的第一个字母“B”为主体，生出一对翅膀，似凌空翱翔的雄鹰，此标志一直沿用至今。

沃尔沃：LVO，“沃尔沃”（VOLVO），也译为“富豪”。车标由图标和文字商标两部分组成。沃尔沃车标图形是由双圆环组成的车轮，并有指向右上方的箭头，如图 3—1—6 所示。中间的拉丁语文字“VOLVO”，是滚滚向前的意思，寓意着沃尔沃汽车的车轮滚滚向前和公司兴旺发达、前途无量。

图3—1—5　宾利标志

图3—1—6　沃尔沃标志

【能力训练】

分小组训练：根据以下标志查找并区分出日系、美系、德系、国内合资、自主品牌的汽车标志，并大致说出常见汽车的品牌（含国内）。

日系：

美系：

德系：

国内合资：

自主品牌：

(1)　(2)　(3)　(4)

(5)　(6)　(7)　(8)

(9)　(10)　(11)　(12)

(13)　(14)　(15)　(16)

二、细分汽车品牌市场

1. 市场细分的定义

所谓市场细分，就是企业根据市场需求的多样性和购买者行为的差异性，把整个市场（即全部用户）划分为若干具有某种相似特征的用户群（细分市场），每一个用户群就是一个细分市场，以便执行目标市场的战略和策略。

2. 细分汽车品牌市场的依据

市场细分面临的首要问题是市场细分变量的选取。所谓市场细分变量是指那些反映需求内在差异，同时能作为市场细分依据的可变因素。一般来说，形成市场需求差异性的因素都可以作为市场细分的依据。但由于市场类型的不同，细分的依据也有所不同。

根据汽车商品的特点，研究其市场细分因素应主要考察消费者市场的情况。影响消费者市场需求的因素，即用来细分消费者市场的变量，可概括为以下几大类。

（1）地理变量

按地理变量细分市场就是把市场分为不同的地理区域，如国家、地区、省市、南方、北方、城市、农村等。各地区由于自然气候、传统文化、经济发展水平等因素的影响，形成了不同的消费习惯和偏好，并且具有不同的需求特点。在我国进行汽车销售，运用地理变量，最简单的是根据通用的行政区域划分，将市场分为华东、华南、华中、华北、西部，或者根据经济发展水平划分为沿海地区、内陆地区、边远地区等，根据不同的地理因素，采取不同的营销方案。

（2）人口变量

人口变量细分是按年龄、性别、家庭人数、生命周期、收入、职业、文化程度、宗教信仰、民族、国籍、社会阶层等人口统计变量划分消费者群。对汽车市场营销来说，收入是进行市场细分必须考虑的因素。一辆汽车的性能再好、创意再新，如果消费者的收入不足以负担这种汽车的价格，那么该汽车就不可能进入该细分市场。

（3）心理变量

在人口因素相同的消费者群中，对同一商品的爱好和态度也可能截然不同，这主要是由于心理因素不同。消费者的生活方式、社会阶层、个性和偏好都是心理变量的内容。个性是经常被用于细分市场的变量，这个变量在汽车市场营销中的运用十分普遍。

心理变量中的偏好是指消费者对各种品牌的商品所持的喜爱程度。在市场上，消费者对各种品牌商品的喜爱程度是不同的，企业为了维持和扩大经营，就要努力培养一批品牌忠实者，并掌握其需求特征，以便从商品形式、销售方式和广告宣传等方面去满足他们的需求。

（4）行为变量

行为变量是反映消费者购买行为特点的变量，包括购买时机、利益偏好、使用状况、使用频率、对品牌的忠实程度、对产品的态度和购买阶段等。行为变量是建立细分市场的最佳起点，行为变量通常可以分为以下七类。

1）购买时机。根据购买者产生需要、购买或使用产品的时机可将其区分开来。对于汽车行业来说，春节、五一、国庆等重大节日和春季、秋季的旅游黄金时间往往是购车的高峰时间。抓住有利时机开展营销活动，就可事半功倍。

2）利益偏好。根据消费者从产品中追求的不同利益分类是有效的细分方法。购买汽车的消费者，有的注重实用性，有的注重时尚感，有的将其作为身份、地位的象征，世界著名的整车生产厂家往往都有适合消费者不同需求的产品。

3）使用状况。许多产品可按使用状况将消费者分为“从未用过”“曾经用过”“准备使用”“初次使用”“经常使用”五种类型，即五个细分市场。在某种程度上，经济状况决定了公司应把重点集中在哪一类使用者身上。通常，市场占有率高的大企业常常对潜在使用者感兴趣，而一些小企业则只能尽力吸引经常使用者。对使用状况不同的消费者在广告宣传及推销力度等方面都有所不同。

4）使用频率。根据消费者使用商品的频率，可以将消费者细分成少量使用者、中量使用者和大量使用者。大量使用者人数通常只占总市场人数的小部分，但是他们在总消费中所占有的比重却很大。营销者通常着重按照大量使用者群体的偏好来提供产品和服务。

5）忠诚程度。不同消费者对产品品牌的忠实程度是不同的，根据消费者的忠实程度，可以将消费者分为四类：坚定忠诚者、适度忠诚者、喜新厌旧者和无固定偏好者。其中，坚定忠诚者始终只购买某一类品牌的产品，企业应投其所好，巩固其忠诚程度。适度忠诚者则是同时偏爱两三个品牌，企业通过分析这类消费者，可以发现本企业的竞争品牌，以便制定有效的对策。喜新厌旧者是经常改变购买品牌的一类消费者，通过对其进行分析研究，找出产品的弱项并及时改进和调整。无固定偏好者不忠诚于任何品牌，企业应力争使其成为本企业的忠诚使用者。

6）购买阶段。对于每一种产品来说，都可能同时存在已经购买、即将购买、想要购买、对产品感兴趣、对产品有所了解和不了解的各种消费者，这些消费者处在购买过程中的不同阶段。各个阶段消费者人数的多少对营销策略的制定有很大的影响。企业的营销策略必须随着购买阶段的发展而变化和调整。

7）态度。企业可根据市场上顾客对产品的热心程度来细分市场。不同消费者对同一产品的态度可能有很大差异，如有的很喜欢持肯定态度，有的持否定态度，还有的则处于既不肯定也不否定的无所谓态度。针对持不同态度的消费群体进行市场细分，并在广告、促销等方面应当有所不同。

【阅读分析】

市场细分下的赛欧

赛欧汽车，从2002年以别克品牌紧凑型小车上市，到2010年，摇身变回雪佛兰品牌旗下小车上市，可以说，每次都取得了预期的市场份额和利润，以及相应的品牌效应。

在2002年的中国，随便一个汽车品牌都可以找到很多的合资厂家，一部车一般都可以卖二十几万元。此时还处于萌芽时期的自主品牌，一般以五万元上下为界限，由于品牌力度问题，众多车型挤在这个五万元的天花板下面，而合资汽车多数都可以卖十五万元以上。因此，五万到十万元是个空当。而由于当时“小资”一族刚刚形成，对于近二十万的汽车明显有购买压力，而对于自主品牌的汽车又觉得不够档次。因此，经过营销调研的上海通用公司果断地将当时还属于通用旗下的欧宝可赛，归入至最火的别克品牌，顿时，掀起了十万元“小别克”的一股热潮。

当时汽车界比较典型的案例有两个，一个是广本的雅阁，成功地占据中级车市场；一个就是赛欧，成功地点燃了紧凑型市场这把圣火。可以说，聪明的通用公司发现了一个市场空当，并且赋予它一个恰当的概念，终于做强做大。如果说东风本田的CRV车型把SUV市场做成最大细分市场，赛欧就是把紧凑型这一从来不曾有的所谓细分市场，做到了最大最火。

2010年，赛欧重回雪佛兰旗下，在中国上市时，打出不到6万元的车价，加入终端优惠，成功打入5万元市场。而2002年时的赛欧打出的标语就是“十万元，小别克开回家”。相比之下，2002年时的车价就是2010年车价的两倍。而且，彼时中国人的收入水平比现在不止低上一倍，如此一来，就有了差不多四倍的差价。

当时，虽然有战略上的优势，但是上海通用在战术上的优点也是可圈可点的。彼时赛欧的营销广告里有三个卡通形象，一个是男孩大欧，一个是女孩花嘉，还有他们的宠物狗——可爱的欧仔。当时有媒体这样评价：三个卡通代言人生活在以赛欧为中心的梦幻世界中，赛欧车主自由、自在、自我的生活被具象化，庄谐并重的车标充满了生活情趣。非常成功地迎合，甚至在一定程度上引导了白领一族的购车、用车文化，可谓中国汽车营销的经典案例之一。

赛欧从2010年年初上市至今，凭借设计、安全、油耗、空间、质量和用车成本上的优势，迅速获得市场认可，在小车市场至今有其一席之地。

分析讨论：1. 在这个案例中，赛欧车的两次推广运用了哪些市场细分的变量？

2. 购车、用车文化是否可以作为细分市场的变量？

三、定位汽车品牌

1. 市场定位的概念

所谓市场定位就是企业以何种产品形象和企业形象出现，给目标用户留下一个深刻的印象。例如，人们常说的“物美价廉”“豪华高贵”等，就属于产品形象的概念范畴；而“对用户负责”“实力雄厚”等，则属于企业形象的概念范畴。国内外各大汽车公司都十分注重市场消费者对汽车产品的印象。例如，大众汽车公司的“为民造车”，其产品以真正“大众化”著称；奔驰汽车公司的“制作精湛”，其产品以“优质豪华”“高档名贵”著称；沃尔沃汽车公司的“设计生命”，其产品以“绝对安全”等企业形象和产品形象闻名于世。

企业要做好市场定位，使自己的产品在社会公众心目中树立起恰当的形象，并不是一件容易的事情。企业必须在战略上考虑将其定在一个什么位置或水平上，是与竞争对手针锋相对，把产品定在与竞争对手相似的位置上，同竞争者争夺同一细分市场；还是另辟蹊径，回避竞争者，将产品定在与竞争者完全不同的位置上，抢占潜在市场或突出宣传自己的特色，坚守自己的传统阵地。可以说，上述考虑就属于市场定位的战略考虑。企业应结合自己的实力、产品优势及其他条件综合分析，确立定位战略。

2. 明确市场定位战略

企业要做到准确定位，首先要决策采取何种市场定位的战略。市场定位的战略类型包括以下几种。

(1) 产品差别化策略

产品差别化策略是从产品质量、特色、耐用性、可靠性、维修性、风格等方面实现差别的策略。

1) 产品性能质量。产品性能质量是指产品主要特点在运用中的水平。一般产品的性能可以分为四种：低、中、高和超级。性能高的产品总体来说可以产生较高的利润，但是，当产品性能超过一定界限后，由于价格因素的影响，愿意购买的人会越来越少，利润反而会降低。

2) 产品特色。产品特色是对产品的基本功能的某些增补。例如，对于汽车来说，其基本功能是代步工具和运输工具，汽车产品的特色就是在基本功能上的增加，如电动窗、ABS、安全气囊、空调等装置。由于汽车可以提供的差别化项目很多，因此，汽车制造商需要确定哪些特色应该标准化，哪些是可以任意选择的。

3) 耐用性。耐用性是衡量一个产品在自然条件下的预期操作寿命的性能。一般购买者愿意为耐用性较好的产品支付更高的售价。但是，如果该产品的时尚性相当强，耐用性就可能不被重视。同样，技术更新较快的产品也不在此列。

4) 可靠性。可靠性是指在一定时间内产品将保持正常运转的可能性。购买者愿意为产品的可靠性付出溢价。由于汽车产品属于耐用商品，因此，可靠性和耐用性同样是受到消费者重视的指标。

5) 可维修性。可维修性是指一个产品如果故障或用坏后进行维修的难易程度。一辆由标准化零件组装起来的汽车容易调换零件，其可维修性也提高。除了汽车设计水平和生产质量决定了该汽车的可维修性之外，为该汽车提供的售后服务也可看作是可维修性的衡量标准之一。如果一家汽车生产企业建立大量维修点，可以保证消费者能在最短的时间和最短的距离使汽车获得维修，同样可以认为该汽车的可维修性强。

6) 风格。风格是产品给予顾客的视觉和感觉效果。许多汽车买主愿意出高价购买一辆汽车，就是因为被该汽车的外观所吸引。当人们提到一辆汽车时，眼前最先浮现的通常是该汽车的外观。风格比质量或性能更能给顾客留下印象，同时，风格具有难以仿效的优势。

例如，为福特汽车公司带来巨大利润的野马跑车之所以受到欢迎，除了价格低廉外，其风格独特也是一个很重要的原因。野马车的设计集豪华与经济于一体，车身为白色，车轮为红色，后保险杠向上弯曲成一个活泼的尾部，就像一匹野马。在福特汽车公司为新车问世在芝加哥所进行的测试中，大部分受测试者都表示首先选择该车。

企业还常常通过寻求产品特征的方法实现产品的差别化，如丰田的安装、本田的外形、日产的价格、三菱的发动机都是非常富有特色的。

(2) 服务差别化战略

服务差别化战略是向目标市场提供与竞争者不同的优质服务的战略。通过服务差别化提高顾客总价值，从而击败竞争对手。汽车是技术密集型的产品，实行服务差别化战略非常有效。服务差别化主要体现在订货方便、客户培训、客户咨询、维修和其他多种服务上。

1) 订货方便。订货方便是指如何使顾客以最方便的方式向企业订货。

2) 客户培训。客户培训是指对客户单位的雇员进行培训。特许经营是当今汽车销售行业中比较重要的渠道策略，大多数汽车厂商都会对其特许经销商进行培训，以便使他们更好地经营特许店。此外，在汽车销售中，客户培训也可以看作是教会顾客如何使用他们的新汽车，这项工作并不一定要靠销售人员进行，一本详细的使用说明书也可以起到培训客户的作用。

3) 客户咨询。客户咨询是指卖方向买方无偿或有偿地提供有关资料、信息系统和提出建议等服务。例如，某销售公司设立提醒服务，提醒消费者按时享受生产商或经销商的承诺服务，提醒消费者注意某些常规适用规范，如进行年检、购置保险等。

4) 维修。维修是指消费者所能获得的修理服务的水准。由于汽车是一种耐用商品，消费者购买汽车后一般总希望尽可能长时间使用。因此，汽车消费者非常关心从卖方可以获得的修理服务质量。

(3) 人员差别化战略

人员差别化战略是指通过聘用和培训比竞争对手更优秀的人员以获取差别优势的战略。实践早已证明，一支优秀的队伍不仅能保证产品质量，还能保证服务质量。

(4) 形象差别化战略

形象差别化战略是指在产品的核心部分与竞争者无明显差异的情况下，通过塑造不同的产品形象以获取差别的战略。汽车是受品牌影响很大的一种商品，品牌形象本身就可以看作是汽车生产厂的标志，品牌的差别是产品定位，甚至是企业定位的体现。

【阅读材料】

奥迪品牌的中国发展之路

1996 年，奥迪公司在北京设立了售后服务部。奥迪公司的技术人员除提供技术支持外，还对中国员工进行在职培训。同年，奥迪公司在北京建立了一支由汽车销售、市场开发、公关和售后服务等专业人员组成的团队，以促进奥迪汽车在中国市场的发展。

1999年，奥迪公司与其合作伙伴一汽集团共同生产的奥迪A6在长春一汽大众公司下线，奥迪A6填补了中国高档豪华轿车生产的空白。

2000年，第一个奥迪汽车标准经销商展厅在北京落成，奥迪公司将全球统一的、高标准的销售服务体系引进中国。当年，奥迪汽车在中国的销量比上一年增加了约1.5倍，销量达到17 451辆。

2001年，奥迪A8正式投放中国市场，这标志着奥迪系列中的旗舰产品登陆中国。随后，新款奥迪A4和奥迪TT跑车也相继在中国投放，为中国消费者提供了更多的个性化选择。同年，奥迪公司引进了与世界同步的技术装备，配备在2001年奥迪A6的技术升级；奥迪汽车当年在中国的年销量上升到27 890辆。

2002年，奥迪公司将其独有的无级/手动一体式变速箱配备在奥迪A6上。随后，经过23项升级的新奥迪A6上市。一年两次与国际同步的升级，使奥迪汽车继续保持在中国豪华车市场上的领先地位。同年，奥迪全能四驱越野车在中国上市，这辆真正意义上的公路、越野两用四驱车进一步增强了奥迪品牌的竞争优势。这一年奥迪汽车在中国的销售达到36 492辆。

2003年，奥迪A4作为全球豪华品牌的顶端产品在中国投产，它的投产使奥迪公司扩大了在中国生产的产品线。同年7月，创立全球高档豪华轿车新标准的新奥迪A8也在中国上市。2003年10月，奥迪A6行政型和运动型轿车投放市场，再次证明了奥迪公司在中国的成功。2003年，中国汽车市场销量总体上涨69.6%，达227万辆，而奥迪汽车的总销量则达到63 531辆，上涨71.5%。

2004年4月，奥迪公司推出奥迪A4新车型，它除增加了更多的颜色选择外，还提供了一些个性化选装配置，包括娱乐包、运动包、冬季包、真皮包等。奥迪A4新车型成为追求高品质、个性化生活的精英人士的理想选择。同年5月，奥迪顶级旗舰产品奥迪A8L加长型全时四轮驱动轿车投放中国市场。这款车是当今全球市场上技术最先进、性能最佳的顶级豪华轿车。它的推出进一步巩固了奥迪汽车在中国高档车市场的领先地位，占据了68.9%的国产高档车市场份额。

2005年4月，国产全新奥迪A6L上市。作为当时国内最豪华、最先进、国情适应性最强的高档轿车。全新奥迪A6L秉承了奥迪汽车在全球的最高品质，其尊贵的外观设计、优异的运动特性、宽敞的内部空间和卓越的安全性能将驾乘的便捷、动感、舒适性体验提升到了同级轿车前所未有的境界。10月，全新奥迪A4的上市进一步加强和完善了奥迪公司在中国的产品系列。面对激烈的市场竞争，奥迪公司2005年在中国取得了出色的销售业绩，中国成为奥迪汽车在德国本土之外的第三大市场。

奥迪公司在不断向中国客户提供与全球同步的先进产品和服务的同时，积极参与一系列高规格的体育文化活动，使中国客户更全面地体验到奥迪品牌的内涵。

2004 年，奥迪 A6 赞助北京国际马拉松赛、举办以奥迪命名的高尔夫锦标赛、参加 DTM 德国房车大师赛上海站表演赛、亮相极具未来元素的概念取车 RSQ，并成为北京 2008 年奥运会正式高级用车品牌，使中国客户更全面地体验到奥迪品牌的动感精髓。

2005 年，奥迪公司继续引领中国高档豪华轿车，举办和参与了一系列体现奥迪尊贵形象的活动，如成立奥迪英杰汇。

2006 年，奥迪公司赞助时尚芭莎明星慈善夜、中国风尚大典、张艺谋导演电影《满城尽带黄金甲》。

2007 年，协助举办第四届奥运歌曲征集评选活动。

奥迪品牌所代表的独特生活方式也在一系列活动中得到演绎，如赞助上海国际时装周和广州交响乐团等。另外，奥迪公司不断建立新的平台，如北京奥迪品位苑和上海奥迪媒体中心等，让消费者充分体验到奥迪品牌所具有的独特魅力。

面向未来，奥迪公司将继续与一汽大众公司合作，致力于在中国的长远发展。未来计划包括引进更多的车型、更新生产设备、开展营销活动、不断加强全球统一销售服务建设等。目前，奥迪汽车在中国市场的经销商网络已覆盖 85 个城市，拥有 131 家经销商。

【能力训练】

结合上述案例，组织学生进行分析：奥迪汽车中国发展之路中的市场定位战略。

1. 产品差别化战略：______________________________

______________________________。

2. 服务差别化战略：______________________________

______________________________。

3. 形象差别化战略：______________________________

______________________________。

4. 人员差别化战略：______________________________

______________________________。

方式：每组四人。指导每组学生进行讨论（每组设一组长），并填写内容。填写完成后由每组组长发言，交换所填内容。对不同的见解要说出理由，教师做总评。

§3—2 汽车营销价格策略

学习目标：

1. 了解汽车产品定价的基本方法。
2. 掌握汽车产品定价的基本策略。
3. 能够运用价格策略对汽车产品进行定价和调整。

汽车价格竞争是一种十分重要的汽车营销手段。在激烈的汽车市场竞争中，汽车企业为了实现自己的营销战略和目标，必须根据产品特点、市场需求及竞争情况，采取灵活多变的汽车定价策略，使汽车定价策略与汽车市场营销组合中的其他策略更好地结合，扩大汽车销售，提高汽车企业的整体效益。因此，正确采用汽车定价策略是汽车企业取得汽车市场竞争优势地位的重要手段。

一、汽车定价的基本方法

1. 汽车成本导向定价法

即以产品单位成本为基本依据，再加上预期利润来确定价格的定价方法，是中外企业最常用、最基本的定价方法。分为成本加成定价法、目标利润定价法。

(1) 成本加成定价法

就是在单位成本的基础上，加上一定比例的预期利润作为产品的售价。

计算公式为：单位产品价格＝单位产品总成本×（1＋加成率）

例如：某汽车制造企业生产的一款汽车，该产品的单位成本为 10 万元，加成率为 20%，那么这款车的售价应为：

单位产品价格＝10×（1＋20%）＝12 万元

(2) 目标利润定价法

指根据总成本、预计销量和所确定的目标利润来确定价格。这种方法经常为包括汽车制造商在内的制造业所采用，例如美国通用汽车公司。

2. 汽车需求导向定价法

这是一种以需求为中心，根据汽车消费者对汽车价值的理解和对汽车需求的差别来定价的方法。

(1) 对汽车价值的理解定价法

是指根据汽车消费者对汽车价值的理解来定价，而不是根据汽车企业生产汽车的实际价值而定价。

运用对汽车价值的理解定价法的关键是，要把企业自身的汽车产品与竞争者的产品相比较，正确估计本企业的汽车产品在消费者心目中的形象，找到比较准确的理解价值。因此，事前要做好充分的市场调研。

(2) 对汽车需求的差别定价法

这是根据对汽车需求方面的差别来制定汽车价格的方法，主要分为以下三种。

1) 不同消费者。同一商品对于不同消费者，其需求弹性不同，有的对价格敏感，可适当予以价格上的优惠，有的则不敏感，可照价收款。

2) 不同花色、样式。同一品牌、规格的汽车，因为不同的花色、样式，消费者喜爱程度会有所不同，因此可考虑采用不同的价格。

3）不同的销售时间。同款汽车因为销售时间的不同，需求量也会发生差别，汽车企业在不同的时间可以制定不同的价格，争取最大销售量。

3. 汽车竞争导向定价法

是汽车企业依据竞争汽车产品的品质和价格来确定本汽车企业产品价格的一种方法。在当今激烈竞争的汽车市场上，不少汽车企业采用此种方法。竞争导向定价法通常有两种方法。

（1）随行就市定价法

是指企业按照行业的平均现行价格水平来定价。企业的价格主要基于竞争者的价格，很少注意自己的成本或需求。

（2）投标定价法

采用招标、投标的方法，由一个卖主（或买主）对两个以上相互竞争的潜在买主（或卖主）出价（或要价），择优成交的方法。

二、汽车定价的基本策略

1. 汽车新产品定价策略

（1）撇脂定价策略

这是一种汽车高价保利策略，是指在汽车新产品投放市场的初期，将汽车价格定得较高，以便在较短的时期内获得高额利润，尽快地收回投资。

这种汽车定价策略的优点是：1）汽车新产品刚投放市场，需求弹性小，尚未有竞争者，因此，只要汽车新产品性能超群、质量过硬，就可以采取高价来满足一些汽车消费者求新、求异的消费心理。2）由于汽车价格较高，因而可以使汽车企业在较短时期内取得较大利润。3）定价较高，便于在竞争者大量进入市场时主动降价，增强竞争能力，同时，也符合顾客对价格由高到低的心理。

这种汽车定价策略的缺点是：1）在汽车新产品尚未建立起声誉时，高价不利于打开市场，一旦销售不利，汽车新产品就有夭折的风险。2）如果高价投放市场销路旺盛，很容易引来竞争者，从而使汽车新产品的销路受到影响。

这种汽车定价策略一般适用以下几种情况：

1）汽车企业研制、开发的是技术新、难度大、开发周期长的新产品，即使高价也不怕竞争者迅速进入市场。

2）汽车新产品有较大市场需求。由于汽车是一次购买，多年享用的产品，因而高价市场也能接受。

3）高价可以使汽车新产品一投入市场就树立起性能好、质量优的高档品牌形象。

（2）渗透定价策略

这是一种汽车低价促销策略，是指在汽车新产品投放市场时，将汽车价格定得较低，以便汽车消费者容易接受，很快打开和占领市场。

这种汽车定价策略的优点是：1）可以利用低价迅速打开新产品的市场销路，占领市场，从多销中增加利润。2）低价可以阻止竞争者进入，有利于控制市场。

这种汽车定价策略的缺点是：投资的回收期较长，见效慢，风险大，一旦渗透失利，企业就会一败涂地。

这种汽车定价策略一般适用以下几种情况：

1）制造这种汽车新产品所采用的技术已经公开，或者易于仿制，竞争者容易进入该市场。利用低价可以排斥竞争者，占领市场。

2）投放市场的汽车新产品，在市场上已有同类汽车产品，但是，生产汽车新产品企业比生产同类汽车产品企业拥有较大的生产能力，并且该产品的规模效益显著，大量生产会降低成本，收益有上升趋势。

3）该类汽车产品在市场中供求基本平衡，市场需求对价格比较敏感，低价可以吸引较多顾客，扩大市场份额。

以上两种汽车定价策略各有利弊，选择何种策略更为合适，应根据市场需求、竞争情况、市场潜力、生产能力和汽车成本等因素综合考虑。

【阅读材料】

本田飞度——低价，一步到位

在国内经济型轿车市场上，和广州本田的飞度汽车一样几乎是同步推出的车型还有上海大众的POLO汽车。但与飞度相比，POLO的价格要高得多。飞度1.3 L五速手动挡汽车的全国统一销售价格为9.98万元、1.3 L无级变速自动挡汽车销售价格为10.98万元。而三厢POLO汽车上市时的价格为13.09～16.19万元。飞度上市后，POLO及时进行了价格调整，在北京亚运村汽车交易市场上，三厢POLO基本型的最低报价是11.11万元。即使这样，其价格还是高于飞度。虽然飞度9.98万元的价格超过了部分消费者的心理预期，但在行家眼里，这是对其竞争对手致命的定价。

飞度定价上也体现了广州本田的营销技巧。对于一般汽车企业来说，往往从利润最大化的角度考虑定价，想办法最大程度地获得第一桶金。这体现在新车上市时，总是高走高开，等到市场环境发生变化时才考虑降价。但这种方式存在一定的问题，即在降价时，因为没办法传递明确的信号，消费者往往更加犹豫，因为他们不知道企业是否已经将价格降到最低。

飞度的做法则不同，它虽然是一个技术领先的产品，但采取的是一步到位的定价。虽然这种做法会使消费者往往要向经销商交一定费用才能够快速取得汽车，增加了消费者的负担，但供不应求的现象会让更多的消费者产生悬念。如果产量屏障被打破以后，消费者能够在不加价的情况下就可以买到车，满意度会有很大的提高，因为它给予了消费者荣誉上的附加值。

对于飞度为什么能够实现如此低的定价，广本方面的解释是，飞度起步时国产化就已经超过80%。而国产化比例是决定国内轿车成本的两大因素之一。

整体来看，飞度良好的市场表现最重要的原因之一是广本采用了一步到位的低价策略。

汽车性能和价格在短期内都难以被对手突破，这就使得长期徘徊观望的经济型轿车潜在消费者打消了顾虑，放弃了持币待购的心理，纷纷选择了飞度。

（3）满意定价策略

这是一种介于撇脂定价策略和渗透定价策略之间的汽车定价策略，所定的价格比撇脂价格低，比渗透价格高，是一种中间价格。这种汽车定价策略由于能使汽车生产者和消费者都比较满意而得名。由于这种价格介于高价和低价之间，因而比前两种定价策略的风险小，成功的可能性大。但有时也要根据市场需求、竞争情况等因素进行具体分析。

2. 按汽车产品寿命周期定价策略

在汽车产品寿命周期的不同阶段，汽车定价的三个要素——成本、消费者和竞争者都会发生变化，因此，汽车定价策略要适时而定。

（1）导入期

汽车消费者在起初接触汽车新产品的价格敏感性与他们长期的汽车价格敏感性之间是没有联系的。大多数消费者对新产品的价格敏感性相对较低，因为其倾向于把汽车价格作为衡量汽车质量的标志。而且，此时没有可作对比的其他品牌汽车。但不同的汽车新产品进入市场，反应是有很大差异的。1908 年，福特公司推出的 T 型车就是新的大批量生产技术的产物，它的先驱者已经为其进入市场铺平了道路；而新型的天然气推动的汽车却并不容易普及。

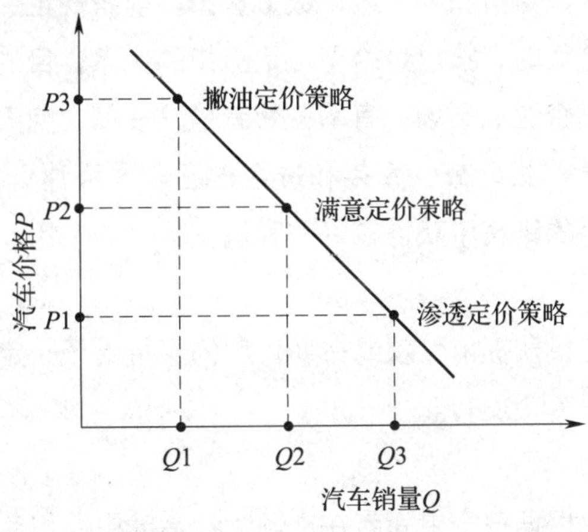

图 3—2—1　导入期的定价策略

（2）成长期

在成长期，消费者的注意力不再单纯停留在汽车产品的效用上，开始比较不同汽车品牌的性能和价格，汽车企业可以采取汽车产品差别化和成本领先的策略。一般来说，成长期的汽车价格最好比导入阶段的价格低。因为消费者对产品了解增加，价格敏感性提高。但对于那些对价格并不敏感的市场，不应使用渗透定价。尽管这一阶段竞争加剧，但行业市场的扩张能有效防止价格战的出现；然而，有时汽车企业为了赶走竞争者，也可能会展开价格战。如美、日、韩三国的汽车企业就是在美国汽车市场走向成长期时才爆发价格战的。

(3) 成熟期

成熟期的汽车有效定价着眼点不是努力争得市场份额，而是尽可能地创造竞争优势。这时候不用再使用捆绑式的销售，因为那样会使组合汽车产品中一个或几个性能更好的汽车产品难以打开市场。这时，市场为基本汽车产品定价的可调范围缩小，但可以通过销售更有利可图的辅助汽车产品或优质服务来调整企业的竞争地位。

(4) 衰退期

衰退期中很多汽车企业选择降价，但这样的降价往往不能刺激起足够的需求，结果反而降低企业的营利能力。衰退期的汽车定价目标不是赢得利润，而是在损失最小的情况下退出市场，或者是保护甚至加强自己的竞争地位。一般有三种策略可供选择：紧缩策略、收缩策略和巩固策略。它们的含义分别是：将资金紧缩到企业力量最强、汽车生产能力最强的汽车生产线上；通过汽车定价，获得最大现金收入，然后退出整个市场；加强企业的竞争优势，通过降价打败弱小的竞争者，占领他们的市场。

3. 折扣定价策略

(1) 数量折扣

数量折扣是根据买方购买的汽车数量多少，分别给以不同的折扣。买方购买的汽车数量越多，折扣越大。

数量折扣可分为累计数量折扣和非累计数量折扣。前者规定买方在一定时期内，购买汽车达到一定数量或一定金额时，按总量给予一定折扣的优惠，目的在于使买方与汽车企业保持长期的合作，维持汽车企业的市场占有率；后者是只按每次购买汽车的数量多少给予折扣的优惠，可刺激买方大量购买，减少库存和资金占压。这两种折扣价格都能有效地吸引买主，使汽车企业能从大量的销售中获得较好的利润。

(2) 现金折扣

现金折扣是对按约定日期提前付款或按期付款的买主给予一定的折扣优惠价，目的是鼓励买主尽早付款，以利于资金周转。

(3) 交易折扣

交易折扣是汽车企业根据各个中间商在市场营销活动中所担负的功能不同，而给予不同的折扣，所以也称“功能折扣”。交易折扣一般给批发商的折扣大于给零售商的折扣。

(4) 时间折扣

时间折扣有两层含义，一是季节折扣，二是时段折扣。

季节折扣是指在汽车销售淡季时，给购买者一定的价格优惠，目的在于鼓励中间商和消费者购买汽车，减少库存，节约管理费，加速资金周转。季节折扣率应不低于银行存款利率。

时段折扣是在一些特定的时段，如开业当天、展览会期间、周年庆典期间等时段内给予一定比例的折扣优惠。

(5) 运费让价

运费是构成汽车价值的重要部分，为了调动中间商或消费者的积极性，汽车企业对运输费用给予一定的津贴，支付一部分甚至全部运费。

4. 汽车产品组合的定价策略

(1) 同系列汽车产品组合定价策略

这种定价策略是把一个企业生产的同一系列的汽车作为一个产品组合来定价。在其中确定某一车型的较低价格，这种低价车可以在该系列汽车产品中充当价格明星，以吸引消费者购买这一系列中的各种汽车产品；同时再确定某一车型的较高价格，这种高价可以在该系列汽车产品中充当品牌价格，以提高该系列汽车的品牌效应。

(2) 附带选装配置的汽车产品组合定价策略

这种定价策略是指将一个企业生产的汽车产品与其附带的一些可供选装配置的产品看作一个产品组合来定价。如汽车消费者可以选装该汽车企业的电子开窗控制器、扫雾器和减光器等配置。汽车企业首先要确定产品组合中应包含的可选装配置产品，其次再对汽车及选装配置产品进行统一合理的定价。如可将汽车价格定得相对较低，而选装配置的价格相对稍高一些，这样既可吸引汽车消费者，又可通过选装配置来弥补汽车的成本，增加企业利润。

附带选装配置的产品组合定价策略一般适用于有特殊、专用汽车附带选装配置的汽车。

5. 针对竞争对手的定价策略

针对竞争对手的定价方法很多，有通行价格法，即以行业的平均价格来定价；有对等定价法，即与竞争者对峙，进行价格比拼；有差异定价法，绕开对手，在低、中、高不同层次上定价；有降价定价法，伴随着降价，实现促销。

6. 国内汽车厂商的降价措施

近年来，中国汽车市场汽车产品价格下降成为市场大趋势。然而，在降价过程中，若能把握主动，巧妙安排营销组合，则降价也不失为一项有效的价格策略。

(1) 直接降价

就是由厂方出面发布产品降价的信息。它的优点是信息权威，可信度高，全国上下步调一致，降价一宣布就可能在车市上引起连锁反应。如羚羊、奇瑞一降价就出现热销。但是由于人们对降价比较敏感，直接降价可能造成产品滞销的负面印象，所以许多厂家不愿意直接降价。

(2) 优惠降价

优惠其实是一种变相的降价，但优惠的方式更易为厂方和消费者接受，所以现在被用得最为普遍。如今车市上优惠的方式非常多，如价格优惠、送汽油票、送保险、送装饰等。

(3) 跟风降价

某种车型在同一档次的对手降价之后为了争取主动，扭转自己的不利地位，也会进行相应的价格调整。如奥拓降价之后，福莱尔也跟着降价，吉利随后也做了小幅调整，这都是跟风降价。

(4) 新车上市即调低价格

最突出的就是广州新雅阁。雅阁不是在滞销而是在非常紧俏的情况下实施了大幅降价措施，这进一步提高了其受欢迎度。这种降价策略前所未有，对车市的影响非常大。

(5) 增配置不增价

这一措施既可让厂家避免背上降价的“黑锅”，又可以提高产品的性价比，让消费者得到实惠，所以车市上用得最多的就是上档次、增配置而价格不变的措施。如桑塔纳、捷达、尼桑新蓝鸟、别克君威、奥迪 A6 等。

【阅读材料】

现代伊兰特——降价，找准时机

北京现代的伊兰特选择在 2004 年 9 月初降价，时机的选择恰到好处。如果在 8 月份降价，有可能引发其他厂商跟进降价，不仅自己降价的效果难以体现，而且加快了价格这个“魔鬼螺旋”的转速，于己、于人、于整个行业都不利；而如果是在 9 月中旬或者下旬降价，则降价的效果要差很多。因为一位“准消费者”从知道降价消息到真正去买车，一般会有 3～10 天的时间，选择在 9 月初降价能促使更多的人在当月去买车。

为什么北京现代在 9 月初降价，而其他厂商没有跟进降价呢？或者说，北京现代选择在 9 月初降价，凭什么保证其他厂商不会或者无法跟进降价呢？

这是基于对国内汽车市场的理解和深入把握。按照往年的惯例和经验，国内汽车厂商按例会把每年的九、十月份视为“金九银十”，期望在这两个月多卖车，于是会集中在 8 月份向经销商大幅度压货。一般说来，在每年 8 月底、最晚在 9 月初，汽车厂家就会把高于月均销量 50%～80%的车子压到经销商手中，或者签订购车合同。

在经销商大幅压货的情况下，汽车厂家一般是很难跟进降价的。因为按照厂家和经销商的汽车销售政策和合同，如果厂家在把车子卖给经销商之后再调低汽车的市场指导价，厂家要赔偿旧价格与新价格的差额；若合同另有约定，汽车厂家还需要另外向经销商支付违约金。厂家在此时降价就意味着，汽车厂家在约定的付款时段内不仅要向上游的供应商付款，同时还要向下游的经销商付款，这么多汽车的付款额度，将让汽车厂家的财务不堪重负，难以承受。当时的情况是：上海通用、南北大众分别在 2004 年六、七月份刚刚降过价，他们不是不想跟进，而是没有能力跟进。

企业不能只因自身的市场份额足够高了才降价，同时更要考虑遏制新的竞争车型成长。如果等到新车型成长起来、消费者认可之后再去降价拼抢，这时就很难遏制新车型的增长势头。

与降价时机相关的一个重要的问题是：降价周期如何把握？如果降价周期太短，容易打击消费者的信心，反而造成新一轮的持币待购；降价周期太长，产品销量有可能受到更大的抑制，相当于把市场拱手让给了竞争对手，而且容易错失降价的最好时机。这些都是厂商在以后继续运用价格策略时要深入研究的问题。

【能力训练】

1. 选择一款即将下线的车型，查找资料，按照“确定定价基础──→进行价格调整──→

实施价格策略”的定价过程为该汽车产品定价。

2. 选择一款汽车，分析其上市、热销、滞销、退出市场各阶段的价格变化情况，从中体会价格变化规律。

3. 试举一个你认为定价策略成功的车型案例，并说明理由。

§3—3　汽车分销渠道策略

学习目标：

1. 了解汽车分销渠道的概念与功能。
2. 了解分销渠道类型。
3. 了解常用的汽车销售渠道模式。
4. 理解汽车分销渠道的决策过程。

一、汽车分销渠道概述

1. 汽车分销渠道的含义

指当汽车产品从汽车生产企业向最终消费者移动时，直接或间接转移汽车所有权所经过的途径，是沟通汽车生产者和消费者之间关系的桥梁和纽带。

汽车分销渠道主要包括：总经销商（取得汽车产品的所有权）、批发商和经销商（帮助转移汽车所有权）、汽车分销渠道的起点生产企业和终点消费者。

2. 汽车分销渠道的功能

分销渠道在市场营销中起着重要的作用，它实现了产品从生产者向消费者的转移，调节生产和消费之间在产品数量、结构、时间、空间上的矛盾，渠道畅通与否，直接影响营销效益。汽车分销渠道一般应具有以下功能：

售卖功能、投放功能、储运功能、市场预测功能、结算与资金融通功能、服务功能、风险承担功能等。

3. 汽车分销渠道的类型结构

分销渠道按其有无中间环节和中间环节的多少，即按渠道长度的不同，可分为以下四种基本类型。

（1）直接渠道：生产者—消费者

（2）一级渠道：生产者—经销商（特许经销商）—消费者

（3）二级渠道：生产者—批发商（地区分销商）—经销商（特许经销商）—消费者

生产者—总经销商（总代理商）—经销商（特许经销商）—消费者

（4）三级渠道：生产者—总经销商（总代理商）—批发商（地区分销商）—经销商（特

许经销商）—消费者

渠道类型除了可以按渠道长度划分外，还可以按宽度划分。同一层次中间商的多少是渠道宽度，中间商越多，则渠道越宽；反之，则越窄。因此，独家分销是最窄的渠道。

企业所采用的分销渠道的长短、宽窄都是相对的，没有绝对、固定的模式，企业应依据具体情况决策渠道的长度和宽度。

4. 汽车分销渠道中的中间商

汽车分销渠道中的中间商是指居于汽车生产者与消费者之间，参与汽车交易业务，促使汽车交易实现的具有法人资格的经济组织和个人。中间商是分销渠道的主体，完成汽车从生产企业向最终消费者的转移，中间商具有平衡市场需求、集中和扩散汽车产品的功能。

（1）总经销商（或总代理商）

总经销商是指受汽车生产企业的委托，从事汽车总经销业务，拥有汽车所有权的中间商。其特点是：拥有产品的所有权和经营权，独立自主地开展产品购销活动，独立核算、自负盈亏；一般都有一定的营业场所和各种经营设施，有独立购买产品的流动资金，承担产品的经营风险。

总代理商同样是受汽车生产企业的委托，从事汽车总代理销售业务，但不拥有汽车所有权的中间商。其特点是：本身不发生独立的购销行为，对产品不具所有权；不承担市场风险；具有广泛的社会关系；信息灵通等。

（2）批发商（或地区分销商）

1）独立批发商。指自己独立、批量购进汽车，再将其批发出售的商业企业，它对其经营的汽车拥有所有权，以获取批发利润为目的。

2）委托代理商。委托代理商区别于独立批发商的主要特点是：他们对于其经营的汽车没有所有权，只是替委托人（汽车生产企业或汽车总经销商）组织推销汽车，以取得佣金为目的，促进买卖的实现。

3）地区分销商。它是指在某一地区为生产企业（或总经销商）批发转销汽车的机构，是由汽车生产企业（或总经销商）为减少层层批发和跨地区销售等问题而设立的。

（3）特许经销商

汽车特许经销商是指由汽车总经销商（或汽车生产企业）作为特许授予人（简称特许人），按照汽车特许经营合同要求以及约束条件授予经营销售某种特定品牌汽车的汽车经销商（作为特许被授予人，简称受许人）。

汽车特许经销商应具备以下条件：

①独立的企业法人，能自负盈亏进行汽车营销活动。

②有一定的汽车营销经验和良好的汽车营销业绩。

③能有足够的资金开设统一标识的特许经营店面，具备汽车市场营销所需的周转资金。

④达到特许人所要求的特许经销商硬、软件标准。

5. 汽车销售模式

(1) 品牌专卖式

主要就是“4S”店。渠道模式可表述为：厂商→专卖店→最终用户。品牌专卖式是1998年以来由欧洲传入我国并发展起来的渠道模式，最先由别克、广本、奥迪等品牌建立，主要以“三位一体”(“3S”，包括整车销售Sale、零配件供应Spare part、售后服务Service)专卖店和“四位一体”(“4S”，整车销售Sale、零配件供应Spare part、售后服务Service、信息反馈Survey)专卖店为表现形式。通过提供舒适的购车环境、专业健全的售后服务、纯正的零部件，使客户从购车到用车的全过程得到良好的服务。这种售前、售中、售后全程式服务，建立了一条由汽车生产厂家到用户的封闭的直通销售与服务渠道，形成了以厂家为核心及提供技术支持的销售与服务系统。在专卖店里，透明的管理模式拉近了管理层与员工之间的距离，培养团队合作的精神，体现汽车品牌的形象魅力，赢得客户的信赖。

(2) 总代理式

由汽车制造厂家授权的全部销售该公司汽车的总经销商。总代理一般与汽车制造企业具有密切的关系，可能是股权关系，可能是隶属关系，也可能是合作关系。总代理式的渠道模式可表述为：厂商→总代理→区域代理→(下级代理商)→最终用户，进口汽车主要采用这种模式，如奔驰、宝马、劳斯莱斯等。

(3) 区域代理式

渠道模式可表述为：厂商→区域总代理→下级代理商→最终用户。这种模式是汽车分销渠道最早采用的模式，由于对经销商控制力差，目前使用这种模式的厂商已较少。

(4) 特许经销式

渠道模式可表述为：厂商→特许经销商→最终用户。区域代理式实施一段时间后，汽车厂商逐渐发现很难对经销商的经销行为进行规范，市场价格体系混乱，1996年后，汽车渠道逐渐向特许经销式转变。目前，一汽捷达、神龙富康等采用这种模式。实际上，4S店都是特许经销商，是增加了其他功能的特许经销商。

(5) 汽车大卖场、汽车超市

如北京亚运村汽车交易市场、成都红牌楼汽车交易市场、深圳的东益华鹏等，这两种形式是在相对集中的场所经营多个厂家、多个品牌的车辆。严格来说，汽车大卖场和汽车超市是两种不同的经营模式。汽车大卖场是一种汽车集市贸易，是由市场经营与管理者提供场地，通过收取租金的方式向各汽车经销商提供经营场地，汽车经销商进场经营各自的车辆，是一家开办、多家经营的模式；汽车超市则是由一家开办，一家经营，一家管理。超市内聚集多家厂商、多个品牌的汽车，统一经营，统一定价，统一结算。这两种模式的共同点是能够整合市场资源，提供多样化的汽车产品，促进销售。

(6) 其他方式

互联网时代，通过网络销售已经越来越受到消费者重视，公司网站已经成为影响汽车销售的一个重要渠道。此外，还有租店式经营模式，是指一些小规模的经销商（一般是做二三级代理）租借一些汽车市场的摊位或者某个店面开展面对直接客户销售汽车的一种模式。这种模式对于经销商来说投资规模比较小，风险较小，比较灵活，但是相对的单车获利空间也比较小。

表 3—3—1　　国内主要轿车品牌营销模式一览表

厂家名称	品牌名称	网点名称	营销模式	功能组合
一汽大众	捷达	特约销售代理	特许代理	销售维修中心
	奥迪	销售服务中心	品牌专营	四位一体
上海大众	桑塔纳	特许专卖店	品牌专营	四位一体
	帕萨特	特许专卖店	品牌专营	四位一体
上海通用	别克	授权销售服务中心	品牌专营	四位一体
广州本田	雅阁	特约销售服务店	品牌专营	四位一体
一汽轿车	红旗	分销中心（自营）	品牌专营	四位一体
一汽天津	夏利	分销中心	自营与代理双轨制	销售维修中心
重庆长安	奥拓	分销中心	自营与代理双轨制	销售维修中心

二、汽车分销渠道决策过程

1. 影响汽车分销渠道选择的因素

影响汽车分销渠道设计的因素很多，其中主要因素有以下几种。

(1) 产品因素

产品的特性不同，对分销渠道的要求也不同。

1) 价值大小。一般而言，商品单价越小，分销渠道一般宽且长，以追求规模效益。反之，单价越高，渠道越短、越窄。

2) 体积与重量。体积庞大、重量较大的产品，如用于汽车维修的大型机器设备等，要求采取运输路线最短、搬运次数最少的渠道，这样可以节省物流费用。

3) 时尚性。式样、款式变化快的时尚商品，如汽车靠垫、汽车抱枕等，也应采取短而宽的渠道，避免不必要的损失。

4) 标准化程度。产品的标准化程度越高，采用中间商的可能性越大。例如，汽车通用件、标准工具等，单价低、毛利低，往往通过批发商转手。而对于一些定制产品，企业要根据直接消费者要求进行生产，一般由生产者派员直接销售。

5) 技术含量。产品的技术含量越高，渠道就越短，常常是直接向企业消费者销售，因为技术含量高的产品，往往需要提供各种售前、售后服务。

6）新产品。新产品刚刚进入市场，中间商往往不愿意承担风险进行销售，生产者则需要自己组织营销队伍，尽快打开市场。

（2）市场因素

市场因素是分销渠道设计时最重要的影响因素之一，主要包括如下方面。

1）市场类型。不同类型的市场，要求不同的渠道与之相适应。例如，车主消费者的购买行为与企业消费者的购买行为不同，所以就需要有不同的分销渠道。

2）市场规模。如果一个产品的潜在顾客比较少，汽车后市场企业可以自己派销售人员进行推销；如果潜在顾客比较多，分销渠道就应该长些、宽些。

3）顾客集中度。在直接消费者数量一定的条件下，如果直接消费者集中在某一地区，则可由企业派人直接销售；如果直接消费者比较分散，则必须通过中间商才能将产品转移到直接消费者手中。

4）用户购买数量。如果直接消费者每次购买的数量大、购买频率低，可采用短而窄的渠道；如果直接消费者每次购买数量小、购买频率高时，则宜采用长而宽的渠道。

5）竞争者的分销渠道。在选择分销渠道时，应考虑竞争者的分销渠道。如果企业自身的产品比竞争者有优势，可选择同样的渠道；反之，则应尽量避开。

（3）企业自身因素

汽车后市场企业自身因素是分销渠道选择和设计的根本立足点。

1）企业的规模、实力和声誉。规模大、实力强的企业有能力担负起部分商业职能，如仓储、运输、设立销售机构等，可以采取短渠道策略。而规模小、实力弱的企业无力销售自己的产品，只能采用长渠道策略。声誉好的企业，希望为之推销产品的中间商就多，生产者容易找到理想的中间商进行合作；反之则不然。

2）产品组合。企业产品组合的宽度越宽、深度越大，越应该采用较短渠道；反之，如果生产者产品组合的宽度和深度都较小，最好采用长而宽的渠道。产品组合密度（关联性）越大，则越应使用性质相同或相似的渠道。

3）企业的营销能力和经验。营销能力强、经验丰富的企业可以选择较短的渠道，甚至直接分销渠道。而营销能力弱、经验不足的企业可将产品的分销工作交给中间商去完成，企业自身则专心于产品的生产。

4）对分销渠道的控制欲望。生产者为了实现其战略目标，往往要对分销渠道实行不同程度的控制。如果这种控制欲望强，就要采取短渠道；反之，渠道可适当长些。

（4）中间商因素

不同类型的中间商在执行分销任务时各有优势和劣势，分销渠道设计应充分考虑不同中间商的特点。对于技术含量较高的产品，例如，汽车发动机、汽车自动变速箱、汽车悬挂系统、汽车 GPS 导航系统等，应选择具备相应技术能力的中间商进行分销。

如果某个区域的零售商的实力较强，经营规模较大，企业就可直接通过零售商经销产品；反之，如果零售商实力较弱，规模较小，汽车后市场生产企业只好通过经销商或批发商进行分销。

(5) 社会环境因素

1) 经济形势。当社会经济形势好、发展较快时，分销渠道的选择余地就大；而出现经济萧条、市场需求下降时，就应该减少不必要的中间环节，使用较短的渠道。

2) 法律、法规因素。分销渠道的选择必须遵守有关销售的政策与法规，例如专卖制度、反不正当竞争法、反垄断法规、进出口规定、税法、价格法和消费者权益保护法等，使用合法的中间机构，采用合法的销售手段。

2. 汽车分销渠道的决策

(1) 分析消费者对渠道服务提出的要求

1) 一次购买批量的大小。如在轿车市场中，车队通常批量购买，而家庭一般一次购买一辆，因此，就必须为大客户购买者和家庭购买者分别建立渠道。

2) 商品多样化。顾客往往要求商家提供多样化产品组合，以方便其挑选。

3) 服务支持。服务支持是指分销渠道提供的附加服务。

(2) 确定渠道目标和限制条件

渠道目标是在企业营销目标的总体要求下，所选择的分销渠道应达到的服务产出目标。这种目标一般要求所建立的分销渠道达到总体营销规定的服务水平，同时使整个渠道费用减少到最低（或合理）程度。企业可以根据消费者需要的不同服务要求细分市场，然后决定服务于哪些细分市场，并为之设计、选择最佳渠道。

(3) 制定可供选择的渠道方案

1) 中间商类型。企业首先要明确可以完成其渠道任务的中间商类型。

2) 确定中间商数目。企业必须确定在每一渠道层次中利用中间商的数目。

3) 规定渠道成员的条件与责任。汽车制造商必须确定渠道成员的参与条件和应负责任。

(4) 评估主要渠道方案

1) 经济性标准评估。主要是比较每个方案可能达到的销售额水平、费用水平和经济效益的大小。

2) 可控性标准评估。独立的中间商或代理商可控程度较低。

3) 承担一定的义务。如果市场环境发生变化，承诺提高制造商的适应能力。

(5) 汽车营销渠道设计

1) 当前环境分析

2) 制定短期的渠道对策。这一阶段，设计者应根据前面调研分析结果，把握渠道战略可能作出某些调整的机会，进行短期“快速反应”式调整。

3) 渠道系统优化设计。要求设计人员“忘掉”以前已有的分销系统，摒弃惯性思维，一切从零开始进行全新渠道的设计。

4) 限制条件与鸿沟分析。本阶段要求对拟出的“理想”渠道方案的现实限制条件进行调研分析，并比较分析“理想”渠道系统同现实渠道系统的差异，为最后选定渠道战略方案提供依据。

5）渠道战略方案决策。本阶段要根据前面调研分析的结果，选择分销战略方案，设计构建最佳渠道系统。

3. 分销渠道成员招募

(1) 招募经销商的策略

1）会展策略。通过会议和商品展示的方法，把潜在经销商召集在一起，营造气氛，展示产品竞争力和市场前景，以吸引经销商的兴趣，通过各种手段，吸引其竞相签订协议，厂商在众多商家中，选择理想的经销商。

2）游说公关策略。和会展策略不同，游说公关策略主要是针对事前明确的目标进行说服。

3）互联网策略。网络作为新兴的媒介平台，如今已成为众多企业宣传推广的主要渠道之一。

(2) 优选经销商

1）企业可以综合考评这些准经销商的开业年限、经营汽车产品范围、盈利及发展状况、财务支付能力、协作愿望与能力和信誉等级为主的一系列条件。

2）如果是销售代理商，还要进一步考核其经营的其他汽车产品种类、性质以及销售人员的规模和素质。

3）对于要求独家经销的大型零售商，如汽车贸易公司，则需要侧重评估其销售地点的位置、布局，将来发展的潜力和顾客类型。

【阅读材料】

欧盟汽车营销模式改革与启示

据2002年2月21日的《世界新闻报》报道，欧盟将于2002年10月开始改革现有的汽车销售模式，在汽车销售商之间引入竞争机制，改变目前的指定汽车代理商的销售方式，压缩流通领域的费用，振兴汽车销售。新规则规定，汽车生产厂商必须给销售商更多的自由，例如销售商可以在任何地方寻找消费者，可以卖不同厂家的汽车，也可以把车批发给超级市场去卖。而且，今后经销商也不再向购车者提供汽车售后服务和维修。欧盟的这一新规定，将导致汽车零售业的革命。

一、欧盟改革前的汽车销售模式

在汽车工业发展初期，欧洲的汽车生产厂家普遍采取多渠道销售模式。随着汽车生产规模的扩大，这种多渠道销售模式造成汽车市场的混乱，不利于汽车工业的发展。通过不断改革和改进，逐步形成了以汽车厂家为中心、产销分离、严密分工的汽车专营销售模式，避免了汽车销售的混乱局面，有利于保持适度经营规模，开拓市场，也有利于加强与用户的联系。

汽车品牌销售专卖店起源于欧洲，且目前仍盛行全世界。这种销售方式是由汽车生产厂家按照一定的要求授权给一些指定的代理商来经营的。通常代理商只能经营某一品牌的汽车，而且大多数需要品牌专卖店具备四位一体的功能。由于厂家基本上不出资，品牌专卖店的店主们就需要投入巨资来修建专卖店。为保证经销商获利，各品牌生产商通常会做大量的市场调研，然后逐步授权、开店、为经销商指定划分势力范围，并规定各授权者不得跨区域销售。

特许经营阻碍了销售领域的正当竞争，这种汽车销售模式造成了客观上的汽车销售垄断，最大的受害者就是汽车消费者。目前，欧盟成员国市场上的汽车价格相差较大，零售商根据厂家要求却只卖车给本地居民。而消费者想到售价便宜的国家去买车，又受到国籍限制。这显然成为欧盟“统一大市场”合唱中一个很不和谐的音符。

二、欧盟汽车销售模式改革的利弊分析

（一）欧盟汽车销售模式改革的积极作用

1. 标志着欧洲汽车业自由竞争时代的开始。欧盟的这一汽车销售新规则中，体现了“全球经济一体化”的趋势，实际上也是市场多元化的要求。

2. 打破了汽车销售领域的垄断现象。任何一种商品的销售形式只要是市场需要，成本最低，都有存在的合理性。有条件销售汽车的企业，包括代理商、超市、商场等，可以同时销售若干品牌的汽车，并提供汽车金融服务。汽车特许经营制度的废除，不仅使分销商可以向其他零售业，如超市等，转手汽车，还将带来网上销售的空前繁荣。同时，在一个地区单列一个专门负责维修和供应各品种零配件的维修商，承担对消费者的售后服务，实现销售与维修的有机结合。

3. 扩大销售载体，方便消费者，给消费者提供更多的选择和良好的服务。消费者可以货比多家，自由选择，人们可以到超市或在网上，经过价格对比，自由选择销售商，并可以跨国购买汽车。同时，汽车进入超市、商场，体现了一种以人为本的经营理念。消费者可以就近了解汽车市场行情，有利于汽车文化的传播。

4. 对促进汽车销售很有益处。汽车进入市场的渠道不再单一，一些购车者可能来自于独立经销商不能进入的市场，从而增加了细分市场，也就增加了市场覆盖面；取消了中间环节，降低了渠道成本，也就降低了销售费用。汽车厂商还可以为顾客实行定制化销售服务。同时，汽车厂商还可以改变原来的独家分销为选择分销，引进渠道成员之间的竞争。

（二）欧盟汽车销售模式改革存在的缺陷

1. 汽车产业是一个资本和技术密集的规模经济行业，汽车不是一般的消费品，它们涵盖许多高科技零部件和配件，生产、维修、销售都需要经过严格培训后的专业人员。品牌经营的优势是经营普遍消费品的超市和商场所无法比拟的。各种形式的零售商纷纷进入到汽车销售领域，势必使改革的汽车销售市场出现一定程度的混乱。

2. 多渠道营销的最大代价是会引发渠道冲突。同一区域内不同形式的经销商的加入会加剧竞争，降低经销商对汽车厂商的忠诚度，降低对顾客合理的服务。同时，诸多零售商的出现势必会对现有的各汽车品牌专卖店造成冲击，因为零售商的销售成本要比专卖店的销售成本低得多。

3. 欧洲各大汽车厂商多年苦心经营的销售体系、营利模式将受到极大影响，不得不重新调整其销售网络。欧洲各大汽车厂商的销售体系的弱化，会给日本汽车、美国汽车这些外来品牌在欧洲的市场份额的扩大创造一个好的时机。

4. 对于消费者而言，购车的决策过程是一项高参与度的复杂决策。从品牌专卖店购买要比在超市或商场购买更放心，毕竟长期以来，消费者已经习惯于有一定技术技能的销售人员为他们服务。多渠道的营销虽然方便了顾客的选购，却容易造成顾客对品牌的忠诚度下降。

讨论：欧盟汽车营销模式改革对中国汽车营销的启示是什么？

【能力训练】

一、训练目的

1. 了解中小企业选择分销渠道模式的方法。

2. 了解企业现行渠道运行的状况及存在的问题。

3. 了解企业化解渠道矛盾和冲突的方式。

二、训练组织

按班级人数确定小组，每一小组人数以5～8人为宜，小组人员要分工合理，分别收集不同的资料和数据。

三、训练要求

1. 每组选择一个学校所在城市的中小企业进行实地调查，了解其渠道选择、渠道运行、渠道管理的情况。

2. 课堂总结走访企业的渠道状况及渠道选择的一般模式。

3. 指出该企业渠道设计、运行、管理中存在的问题。

4. 针对渠道运行中存在的问题，提出解决措施。

§3—4　汽车营销促销策略

学习目标：

1. 了解人员推销、汽车广告、营业推广、公共关系及网络营销的概念及各自特点。

2. 熟练掌握汽车营销策略中的营业推广、公共关系及网络营销策划书的内容、策划步骤及策略。

3. 能以团队的方式为某品牌汽车制定营业推广、公共关系及网络营销的策划方案。

一、人员推销

1. 人员推销的定义

人员推销是一种起源最早的促销方式。它是指企业的推销人员直接与购买者接触、洽谈、介绍产品，以达到促销目的的一系列活动。

2. 人员推销的形式

汽车产品人员推销主要有两种形式：一是展厅推销、二是上门推销。展厅推销的好处是推销员可以根据各个用户的具体兴趣特点，有针对性地介绍有关情况，并容易立即成交。我国汽车公司经常采用展厅促销。

3. 人员推销的任务

在现代营销活动中，人员推销不仅仅只是出售现有的商品，还要配合企业的整体营销活动来适应、满足和引导顾客需要。因此，推销人员的具体任务在不同的情况下是不同的。推销人员的任务可分为两类：订单处理、创造销售。

(1) 订单处理。订单处理是推销人员和电话营销人员都需要完成的任务。它可以分为批发商和零售商两个水平的订单处理。销售人员进行订单处理时，一般是在确定顾客需求后完成订单。订单处理是销售环节最基本的工作之一。

(2) 创造销售。创造销售常通过增加新顾客和引进新产品和服务来创造新业务。新产品常需要高水平的创造性销售。在销售人员的推销任务中，它是最重要的。创造销售可出现在电话营销、店堂销售和外勤推销中。

4. 人员推销的步骤

“公式化推销”理论将推销过程分成如下几个不同的阶段。

寻找顾客→事前准备→与客户建立认识→产品介绍→试乘试驾→议价谈判→签单→交车→回访

(1) 寻找顾客是推销工作的第一步。寻找顾客的方法有个人观察法、地毯式访问法、连锁介绍法、中心开花法、广告搜寻法、资料查阅法、市场咨询法、委托助手法等。

【阅读材料】

寻找准顾客需讲求方法

美国有位汽车推销人员，应一个家庭电话的约请前往推销汽车。推销员进门后，只见这个家里坐着一位老太太和一位小姐，便认定小姐要买汽车，其根本没有理会那位老太太。经过半天时间的推销面谈，小姐答应可以考虑购买这位推销人员所推销的汽车，只是最后还要请示那位老太太，让她做出最后决定，因为是老太太要购买汽车赠送给小姐。结果老太太横眉怒目，打发这位汽车推销人员赶快离开。后来又有一位汽车推销人员预约上门推销，这位推销人员善于“察言观色”，同时向老太太和小姐推销汽车，很快就达成交易，凯旋而归。

图 3—4—1 寻找准顾客的错误方法

在寻找到准顾客后，要审查顾客资格以确定目标。顾客的需求、支付能力和购买决策权决定推销员所推销的产品能否出售，这称为 MAN 法则。

1）考察支付能力（Money）。即考察顾客是否具有现时货币支付能力。这主要是对顾客的财务状况的审查，可从家居装饰、衣物服饰上寻求依据。

2）考察购买决策权（Authority）。

3）考察购买需求（Need）。即发现和确认顾客的需求，采用适当的方式向顾客、团体购买者推销商品。

【能力训练】

寻找购买汽车顾客的训练

1. 训练内容

选择运用三种不同方法，在本校寻找购买某品牌汽车的顾客进行演练，各小组推荐 2 人上台演练，其他同学判断方法是否恰当，每组限时 5 min。

2. 训练步骤

(1) 每组选择三种不同的寻找客户的方法。

(2) 每组成员应用所选择的三种方法进行演练。

(3) 各小组推荐 2 人上台演练，其他同学判断方法是否恰当，每组限时 5 min。

(4) 教师总结。

3. 评价标准

(1) 学生敢于上台演练。

(2) 能够把握几种常用顾客寻找方法的要点，并正确用于演练中。

(3) 能够在 5 min 内完成完整的演练。

(2) 事前准备。推销人员必须掌握三方面的知识。

1）产品知识。在开始销售汽车的第一天，销售人员通常都会得到关于汽车知识方面的培训。如本款汽车的特点、性能、价格以及其附加服务所带给顾客的利益等。

2）顾客知识。包括潜在顾客的个人情况，具体顾客的生产、技术、资金情况，用户的需要，购买者的性格特点等。

3）竞争者的知识。即竞争者的能力、地位和其产品特点。同时还要准备好样品、说明材料，选定接近顾客的方式、访问时间、应变语言等。

(3) 建立认识。通过自我介绍、递送名片、询问客户需求，与潜在顾客开始面对面的交谈。

(4) 在介绍产品时，要注意说明该产品可能给顾客带来的好处，要注意倾听对方发言，判断顾客的真实意图。

(5) 克服障碍。推销人员应随时准备应对不同的意见。

(6) 试乘试驾。通过试乘试驾环节，让客户对产品体验有一个更深入的认识与了解，增强对产品的理解。

(7) 签单。接近和成交是推销过程两个最困难的阶段。

(8) 交车。

(9) 售后跟踪服务。如果销售人员希望顾客满意并重复购买，则必须坚持售后追踪。推销人员应认真执行订单中所保证的条件。例如，发货期、售后服务、安装服务等内容。

5. 人员推销的有效技术

推销人员应根据不同的推销气氛和推销对象审时度势，巧妙而灵活地采用不同的方法和技巧，吸引用户，促使其做出购买决定，达成交易。推销人员必须掌握的基本推销方法有以下几种。

(1) 试探性方法

如推销员对顾客还不甚了解，可以使用事先设计好的问题，以挖掘客户兴趣、刺激客户购买欲望的推销语言，投石问路，进行试探，然后根据其反应再采取具体推销措施。要根据客户具体感兴趣的要点进行详细介绍，特别是客户对竞争产品的咨询，要客观公正，让客户感觉真实，不能一味地批判或打击竞争产品，给客户以不诚实的感觉。

(2) 针对性方法

如果推销人员对客户需求特点比较了解，也可以事先设计好针对性较强、投其所好的推销语言和措施，有的放矢地宣传、展示和介绍产品，使客户感到推销员的确是自己的好参谋，真心地为自己服务，进而产生强烈的信任感，最终愉快地成交。

(3) 诱导性方法

推销员要能唤起客户的潜在需求，要先设计出鼓动性、诱惑性强的购货建议（但不是欺骗），诱发客户产生某方面的需求，并激起客户迫切要求实现这种需求的强烈动机，然后抓住时机向客户介绍产品的效用，说明所推销的产品正好能满足这种需求，从而诱导客户购买。如果不能立即促成交易，但能改变客户的态度并形成购买意向，为今后的推销创造条件，也是一种成功。销售人员要始终注意自己所提建议的成功性，言辞要有条理、有深度，语气要肯定，不能模棱两可，更不能有气无力，避免说服的一般化，要以具体事实作后盾。这就要求推销人员应掌握较高的推销艺术，设身处地为客户着想，恰如其分地介绍产品，真正起到诱导作用。因此，一名合格的推销员应具有丰富的产品知识和管理学、社会学、心理学等方面的知识。

【案例分析】

成交失败原因分析

某日，一男性走进专门销售进口汽车品牌的车行，并与销售人员进行如下的交流。

顾客：宝马 730 是不是全铝车身?

销售人员：（客户提出的这个问题有点突然，而且他是第一次听到“全铝车身”的概念）不太清楚，我要查一下资料。（查完资料后告诉客户）不是全铝车身。

图 3—4—2　销售人员产品知识欠缺

顾客：刚才我到某车行看到了奥迪 A8，销售人员告诉我奥迪 A8 采用的是全铝车身，是最新的技术，能够提升动力而且省油。我以前开的是宝马 530，对宝马车比较了解，现在想换一部车，准备在宝马和奥迪之间做出选择，如果宝马也是全铝车身的话，我就买宝马。

销售人员：（经过确认后再次告诉顾客）实在对不起，宝马 730 不是全铝车身的。

结果：顾客离开了展厅再也没有回来，据了解其最终购买了奥迪 A8。

这次销售没有成功的根源在哪里？这位销售人员虽然有相关的销售经历，但面对客户提出的“全铝车身”的概念还比较陌生，此外，其沟通能力还有待加强，所以这位顾客就流失了。

如果这位销售人员清楚“全铝车身”的概念，那么就可以按如下方式处理。

销售人员：先生，您能告诉我选购一部全铝车身的汽车会给您带来什么好处呢？

顾客：我也不太清楚，只是他们告诉我全铝车身比钢结构的车身好，而且更高档，也是最新技术。

销售人员：既然这样，让我们一起来讨论一下铝合金车身是如何加工的。正如您知道的，铝合金由于其金属特性不如钢铁那样容易冲压，因此要做成车体钣件就有很多技术要克服。以往用钢铁可以一次冲压完成的钣件，改成铝合金以后却要分成数个部件，再用其他技术结合起来。这样在汽车制造的时候或许手续繁杂、或许成本增加。但是如果车子因为事故而有所损毁时，那维修可就不像新车制造那么简单了。这时不仅需要特殊的技术，更需要特殊的配备，有些车体部位更是只能更换、不能用传统方法钣金，这就造成了很多的不便。

顾客：原来是这样的，我真的不知道。

销售人员：既然您对宝马情有独钟，为什么会因为一个全铝车身的问题而让您去选一个您从未开过的汽车呢？这是一项新技术，刚才谈过了，新技术就意味着要多花一些不应该花的钱，也许还会承担更大的使用风险。再者，这项技术很多人都不知道，而且是在汽车内部，人们可能根本不知道您花费了多少，也难以体现价值。

讨论：上述案例中，没有成功销售的原因在哪里？在明白“全铝车身”的概念后，运用了哪些有效的推销技术？

【能力训练】

1. 学生分组续写上述案例，以奥迪 A4、A6、A8 外形的差异性不大来强化宝马汽车外形的可识别性，最后成功说服顾客购买宝马 730。

2. 每组选派 2 人演练，并投票选出优胜组。

3. 教师点评。

推销员在了解了上述推销方法后，还必须掌握一些推销技巧。

1）建立和谐的洽谈气氛的技巧。推销员与客户洽谈，首先应给客户一个良好的印象：懂礼貌、有修养、稳重而不呆板、活泼而不轻浮、谦逊而不自卑、直率而不鲁莽、敏捷而不冒失。在开始洽谈阶段，推销人员应巧妙地把谈话转入正题，做到自然、轻松。

2）排除推销障碍的技巧。推销员如果不能有效地排除和克服所遇到的障碍，就会在推销过程中不得要领，功亏一篑。因此，要掌握排除下列障碍的技巧。

①排除客户异议障碍。如果发现客户“欲言又止”，推销员应自己少说话，直截了当地请客户充分发表意见，以自由问答的方式真诚地同客户交换意见和看法。对于客户一时难以纠正的偏见和成见，可以将话题转换。

②排除价格障碍。应充分介绍和展示产品特点，使客户感到“一分钱一分货”，或者以在售后服务上更全面完善、用赠品来转化等排除价格障碍。

③排除客户习惯势力障碍。实事求是地介绍客户不太熟悉的产品，并将其与客户已经习

惯的产品相比较，让客户乐于接受。还可以通过相关群体的影响，使客户接受新的观念。

3）与客户会面的技巧。一是要选好见面的时间，以免吃“闭门羹”；二是可采用请熟人引荐、名片开道、同有关人员交朋友等策略，赢得客户的欢迎。

4）抓住成交机会的技巧。推销员应善于观察客户的情绪，在给客户留下好感和信任时，抓住机会发动进攻，争取成功签约成交。

【阅读材料】

价格障碍应对话术

顾客：同样是这款车，怎么有些二级店比你们便宜呢？

客户经理：哦，看来您对我们这款车已经有所了解了。您是在二级店里看的车吧，那他们那里可能没有很细致地给您介绍这款车，那请允许我花几分钟的时间给您介绍一下这款车吧。

图 3—4—3　说明 4S 店与二级店的区别

顾客：你不要给我介绍了，我看过了。在价格上能优惠点才是重点。

客户经理：先生，您好！是这样的，买车是一时，用车可是一辈子。优质、完善的售后服务才是重要的。这里的售后服务不单是保养、保修这些，还包括买完车后有专业的销售顾问来帮您服务。据我所知，二级店只是简单地完成收钱、交车流程。交车时没有详细的功能介绍，没有注意事项提醒，等车子出了问题，他会告诉您：找 4S 店就是了。前段时间有个客户就是在二级店买了台锐志，二级店交车时没有交代到位，操作错误，导致花了不少的冤枉钱。我们店有个规矩：买一台车送一个销售顾问，我们 24 小时不关机，您碰到问题随时打电话给我或者是售后服务师傅，这样可以更加及时地为您排忧解难。先生，我们店的客户信息都会录入专用电脑，在二级店买车，您的信息是不会录入电脑的。那么在年底的抽奖活动、一年两次的免费服务节时就没法通知您了。奖品可是价值不菲的礼品啊！相信您是个明智的客户，为了您用车的方便，还是在我们这里订购吧！您觉得呢？

客户：哦，这样啊，那就在这里订吧！

分析：从这个案例，总结出价格异议的应对要点：

1. 做好基本接待，让客户感到专业。
2. 讲明车辆的来源。
3. 二级店和4S店买车的区别。
4. 抽奖活动、免费服务项目。
5. 细致周到的个人服务。

【能力训练】

学生分组续写以上案例并训练：同样是这款车，怎么有些二级店比你们便宜呢？

1. 续写案例

(1) 上述案例中是用优质的全方位服务来排除价格障碍的，请用赠品来转化以达到销售的目的。

(2) 请用二级店的销售服务如果到位，但是政策上的不到位来转化并达到销售的目的。

2. 每组选出2人上台演练续写的案例，并选出优胜组。

3. 教师点评。

6. 销售人员的素质

(1) 一个好的推销员，除了掌握上述方法与技巧外，其推销业绩还与推销员的良好个性有关。例如，口齿要伶俐，要有“三寸不烂之舌”；脑子要灵活，反应要快，善于察言观色，善解人意；性格要温和，不急不躁，善于与人相处，富有耐心，尤其在中国这个看重礼仪的国家里从事推销活动，推销员一定要做到不管市场是热是冷，都要常“走亲戚”。有生意谈生意，没有生意叙友谊，把老用户当知己，把新用户当朋友。推销工作不可过于急功近利。

(2) 推销人员的选拔与培训。在竞争激烈的市场中，企业为了实现促销目标，强化市场优势，对推销人员都有明确的要求。一般来讲，一名合格的推销人员应具备下列条件。

1) 要有强烈责任感和使命感。推销人员首先要对自己从事的工作有正确的认识，要以企业的发展为重，意识到自己的责任和使命。其次，要有踏实的工作态度，持之以恒的热情和信心。此外，要遵纪守法，讲究职业道德。

2) 良好的业务素质。一名合格的推销人员一般应掌握以下相关的业务知识和具备相应的素质。

①产品知识。推销人员不但要熟悉企业产品的质量、性能、型号、用途、价格、生产工艺、销售渠道，而且要掌握市场中其他同类产品的情况。

②企业知识。掌握本企业的历史、目标、组织、财务、产销情况以及企业在同行中的地位。

③专业知识。掌握与推销活动相关的各种专业知识，如市场营销、消费心理学、公共关系学、社会学及经济法规等。

3）较强的工作能力。推销人员的工作能力主要体现在以下几个方面：良好的心理素质和语言表达能力、较强的判断能力和应变能力，以及果断的决策能力和较强的社交能力。

4）较好的个人形象。包括推销人员的气质、风度、长相、身高等。

二、广告宣传

1. 广告的概念

广告，简单地说就是广而告之，英文广告一词为 advertising，本意为“注意”“诱导”“大喊大叫”等。广告作为一种传播信息的手段，分为广义的广告和狭义的广告。广义的广告不仅包括各种商业性广告，而且包括政府部门的通知、公告、声明及各式各样的启事等。狭义的广告则指传播有关商品和劳务信息的手段。本书主要讨论的是狭义的广告。因此，可以把它定义为：“商品经营者或服务提供者承担费用，通过一定媒介和形式直接或间接地介绍自己所推销的商品或者所提供的服务”。从中可以看出广告的基本内涵不外乎是传递信息和商品促销。

2. 广告媒体及其选择

(1) 广告媒体

广告媒体是广告者向广告对象传递信息的载体。广告媒体的种类繁多，根据其不同的物质属性可以进行如下分类。

1）印刷媒体。如报纸、杂志、商品说明书、画册、商品目录等。

2）电子媒体。如广播、电视、电影、幻灯片、电子网络，电子显示屏幕等。

3）流动媒体。如汽车、火车、飞机、轮船等。

4）邮政媒体。如订购单、征订单、函件、电报等。

5）户外媒体。如站牌、广告栏、海报、气球、招牌等。

6）展示媒体。如商品陈列、柜台门面、橱窗、展厅等。

7）包装媒体。如产品的外包装、手提袋、购物袋等。

(2) 汽车广告中常用的媒体

各类广告媒体都能从不同侧面向人们传递商品信息，但不同的广告媒体传递信息的时间与范围不同，广告效果各异，其中报纸、杂志、广播、电视被称为四大最佳媒体，也是目前我国主要的广告载体。随着科学技术的发展，计算机的普及和大众化，电子网络在广告中的作用将日渐突出，在不远的将来，电子网络将会成为广告的主要载体之一。下面具体介绍汽车广告中常用的几种媒体。

1）报纸媒体。报纸是新闻宣传中最有效、应用最广泛的工具，也是我国和世界许多国家目前选用的主要广告媒体之一。其优点是：覆盖率高、影响面广、传递迅速、时效性强，集权威性、新闻性、可读性、知识性、可记录性于一体，制作简便，费用低廉，用于汽车广告能比较全面介绍汽车的主要性能指标，让读者可以整体了解。其缺点是：时效较短、内容庞杂、容易分散读者的注意力；制作和印刷欠精细，以静态显示，形象效果欠佳。

2）杂志媒体。杂志是一种以刊登小说、散文杂记、评论、专业论文等为主的印刷读物。其优点是：对象明确、针对性强、保存期长、信息能充分利用、印刷精致、图文并茂。汽车广告一般选用专业性杂志，如世界汽车、汽车与配件、轿车、大众汽车等。杂志媒体的缺点是：定期发行、时效性差、传递范围窄。

3）电视媒体。电视通过声音、图像、色彩、动作等视觉和听觉形象的结合传递各种信息，是重要的现代广告媒体。其优点是：覆盖面广、收视率高、直观生动、感染力强、宣传效果好。其缺点是：信息消逝快、不易保存、编导复杂、费用昂贵、选择性差、目标不具体。电视媒体用于汽车广告，一般只能进行品牌宣传，难以给观众以具体的介绍。

4）广播媒体。广播通过电波传递各种信息，是一种广为利用的听觉媒体。其优点是：传播迅速、播放次数多、范围广、及时性强、方便灵活、制作简便、收费低廉。其缺点是：有声无形、印象不深、难以保存、盲目性大、选择性差。广播媒体用于汽车广告主要适用于对中间商的宣传。

5）电子网络媒体。它既具有电视媒体的优点，同时又克服了不易保存的缺点，拥有杂志媒体的长处，是一种现代化的、多种媒体优点集于一身的广告媒体。

6）户外媒体。户外媒体包括招贴、路牌、壁画等多种形式，它具有传播面广、费用低、收效快、用语简洁、画面醒目、标识清楚等特点，是一种大众传播方式。但由于设置地点、宣传对象不确定，广告效果不稳定，也不十分显著。在汽车广告中，此类媒体的运用比较常见，如果运用恰当，也能给人深刻印象，如首都机场附近的日本丰田汽车公司的广告牌，“车到山前必有路，有路必有丰田车”的宣传语，就给行人留下了深刻印象，产生了较好的广告效果。

(3) 广告媒体的选择

广告媒体繁多，其功能各有所长，要使公众接受广告者的观点，不仅要有优秀的广告设计，而且要选择合适的宣传媒体。只有这样，才能使企业以最低的成本、最佳的宣传效果向公众传达预期的广告信息，这也正是广告能否起到作用的关键之一，企业在选择广告媒体时应当综合考虑。

1）企业对信息传播的要求。企业在确定宣传媒体时，首先要考虑媒体的覆盖面、频率和影响。覆盖面广、频率高、影响大的媒体是各企业在广告宣传时的首选媒体，但是这类媒体的收费往往很高。因此，企业在做广告时，一定要量力而行，既可选择覆盖全国、影响力大的宣传媒体，如中央电视台、中央各大报纸；也可以选择覆盖面较小，但产品用户比较集中的地区或专业性宣传媒体，如中国交通报、交通安全报、交通信息台等。其次，要考虑企业需要达到的广告目标，如信息传播的覆盖率、重复率和最低时间限度信息的可信度，以及产生的效应等。企业应从中选择最主要的目标，据此确定宣传媒体。第三，宣传成本。在选择宣传媒体时，不仅要考虑到媒体自身特点，还要考虑到宣传成本。这项成本不是企业可以投入的宣传费用，而是广告信息触及成本，即单位广告触及人数所需要的费用。这一指标对于衡量媒体宣传效果，合理选择媒体，具有一定的指导意义。

2）产品的性能和特点。产品本身的性能和特点不同，其使用方法、消费对象、销售方式就会千差万别，这种差别决定着广告媒体的选择。如对家用轿车、农用车等，由于消费对象广泛，选择电视媒体做广告效果比较好；对于技术性强，需要详细介绍的各类专用车辆、载重车辆，则选择报纸和杂志较妥。同时也应该注意到，消费者对汽车既需要形象的外观、漂亮的造型，还需要了解具体的技术参数，如最高车速、油耗、发动机功率等。因此，汽车广告都以电视、广播宣传品牌形象，以报纸、杂志介绍其技术指标，用多种媒体相结合的方式来宣传汽车产品，只是各种汽车在选用媒体时，各有侧重。

3）消费者的媒体习惯。对于不同的广告媒体，消费者接触的习惯不同，企业应将广告刊登在目标消费群体经常接触的媒体上，以提高视听率，如有关汽车的杂志、报刊、电视节目、交通广播频道等。

4）竞争对手的广告策略。企业在进行产品宣传、选择媒体时，不仅要考虑以上几个方面的影响，还要注意竞争对手的广告策略，竞争对手的广告策略往往具有很强的针对性。

（4）汽车广告媒体分析

1）汽车广告的定位。汽车广告（Automotive Advertising）的立足点是企业。做广告是企业向广大消费者宣传其产品用途、产品质量，展示企业形象的商业手段。在这种商业手段的运营中，企业和消费者都将受益。企业靠广告推销产品，消费者靠广告指导自己的购买行为。不论是传统媒介，还是网络传播，展示的广告信息都为人们提供了非常方便的购物指南。因此，在当前的信息时代，我国的汽车企业应运用多种媒体做广告，宣传本企业的产品，否则会贻误时机。

2）媒体选择。广告策划要根据媒体的不同，安排不同的求诉内容和创意手段。汽车较之其他商品具有高附加值的特性。广告牌可以突出整车独有的高档商品非凡的气势；电视可以表现其与众不同的车型和动力性能；报纸、期刊则能够详细介绍车辆的油耗、发动机排量和相关配置。汽车是一个适应性比较全面的大宗商品，它能给予企业的广告策划者巨大的想象空间。

汽车企业在做广告策划的同时，也是研究消费者购买心理和购买行为的过程。汽车广告策划的原则是让消费者“喜闻乐见，明白可亲或悬念难忘”。消费者认可了产品，汽车企业才会有广阔的发展前景。

3）广告缺失。从目前国内已发布的汽车广告来看，创意性质的广告较多，策划式的广告相对贫乏。有的平面广告像摆地摊，把发动机、ABS、安全气囊当作小商品依次摆齐，缺乏气势；有的电视广告只见一辆汽车飞驰而去，其广告语却不知所云，不仅没有回味，还让人一时听不明白。商品广告要在独出心裁的策划基础上，加上精美绝伦的艺术创意，才能让消费者从广告策划、创意水准中体会商品特色，使企业在消费者心目中留下一个好印象。

4）广告策划。广告策划是一个过程，这个过程要靠广告创意来具体实现。广告创意的成果既在合情合理之中，又常常出人意料。商业广告的策划和创意是一个“大胆设想，小心求证”的过程。在广告的策划中可以驰骋想象，在广告的创意中要周密细致。所以说，广告策划是宏观的，广告创意则是微观的。广告策划是广告的灵魂，而广告创意则是广告灵魂的表现形式。

【阅读材料】

丰田霸道广告事件

在2003年第12期《汽车之友》杂志上，丰田汽车共刊登了三份汽车广告，分别为其三款新车“陆地巡洋舰”“霸道”和“特锐”。其中，在“霸道”汽车广告画面中，两只石狮蹲在路边，其中一只挺身伸出右爪向“霸道”车作行礼状，该广告的文案为“霸道，你不得不尊敬”。而另一幅“陆地巡洋舰”的广告中，一辆丰田陆地巡洋舰汽车拖着另一辆绿色的卡车前进。

在中国传统文化中，狮子是中华民族的一种图腾，而石狮子又很容易让人想到卢沟桥事变和日本当年对中国的侵略。绿色的卡车在我国一般是指军车，由丰田车拖着走，含有诬蔑之意。所以，这期杂志刚刚面市，便引起公众强烈反感，互联网上更是骂声一片。一位网友甚至还模仿“霸道”广告制作了一幅图画，画面上的狮子把霸道车按在了爪子之下。

媒体也迅速跟进报道此事，12月3日，新华社对“问题广告”进行了报道，随后，国内的许多媒体都不同程度地对此事进行了追踪。而在日本颇有影响的报纸《朝日新闻》也报道了此事，并带动了其他日本媒体的关注。北京工商局也对这两则广告表示关注，并要求刊登此广告的杂志社提交了书面材料。

分析：从本次失败的广告案例中，你得到什么启示？

【能力训练】

广告创新，夺人眼球

——凯美瑞高调传播见奇效

广州丰田凯美瑞（CAMRY）轿车的上市，无疑是2006年上半年汽车行业最引人瞩目的事件之一。凯美瑞的广受关注，不仅在于老款佳美轿车在世界车坛的辉煌战绩和在中国进口车市场上的良好口碑，同时也与广州丰田在凯美瑞上市时采用的高调传播策略有关。

从2005年11月广州车展上的中文名称“凯美瑞”发布，到2006年4月25日的正式亮相、5月23日的正式下线、6月17日的正式上线，从高层宣传“凯美瑞没有竞争对手”到改口“所有的中高档轿车都是对手”，从八大连版的广告投放到飞机的机身广告，广州丰田上演了一出高潮迭起的“四重奏”，赚足了眼球，还未上市，订单便排到了年底，重演当年新雅阁的加价神话。

当然，凯美瑞营销最出彩的地方当数“飞机秀”。6月17日，一架机身涂有

“CAMRY凯美瑞”字样的南航波音777飞机从广州新白云国际机场腾空而起，直飞北京。凯美瑞的“飞机秀”，不仅是一次非常成功的事件营销，更是一次传播效果极佳的广告投放行为，它向外界证明了在车市充分竞争的背景下，营销仍然可以达到它的最高高度。

广州丰田将南航的波音777飞机命名为“凯美瑞号”，这种创新的广告形式让人耳目一新，因为在此之前，还没有一家国内企业，包括汽车企业，采用过这种广告形式。凯美瑞的“飞机秀”同时也是一次富有创意的事件营销行为，在给消费者留下深刻印象的同时，也给竞争对手造成巨大的心理压力。

据介绍，这架飞机将往返于广州、北京之间，时间长达一年之久，而这条航线也是中国最繁忙、公商务人士最集中的航线之一，广告效果非常明显。据内部人士透露，广州丰田“飞机秀”广告的花费在1 000万元以下，应该说还是非常划算的。

不仅如此，凯美瑞的平面广告投放也颇具创意。它在几家大型的财经类日报和政经类杂志上，采用8个大版的特殊广告形式：头版和最后一个版向里折叠，可以看到一个完整的凯美瑞前脸，而将8个版面全部打开，看到的则是凯美瑞的侧身全貌。虽然这种广告形式花费较大，但气势压人，用广州丰田高层的话来说，是“为了能给消费者留下一个永不磨灭的印记”。

在此之前，一些市场人士在谈到广州丰田时，无不羡慕它有一款注定非常好卖的车，但通过“飞机秀”“连版广告”这两个创新广告事件，外界再也不敢低估广州丰田的营销能力了。

1. 学生分组分析：

(1) 本次丰田凯美瑞上市传播的亮点在哪里？

(2) 如果现在让你来对丰田凯美瑞作上市广告，请写出广告创意。

2. 组间交流广告创意，并评出最佳创意（说出理由）。

3. 教师对各创意进行点评。

三、营业推广

1. 营业推广的概念

营业推广是指企业在特定的目标市场中，为了迅速刺激需求和鼓励消费而采取的促销措施。它是一种时间多、刺激强的促销手段。要比广告、公共关系对销售的刺激更为直接和迅速。营业推广采用的主要方式有：产品展示会、销售折扣、样品赠送、抽奖赠品等。

2. 营业推广的特点

(1) 营业推广是广告和人员推销的一种补充手段，是一种辅助性的促销手段。

(2) 营业推广是一种非经常性的促销活动。广告和人员推销则是连续性、常规性的促销活动。

(3) 营业推广的刺激性很强，但促销作用不能持久。图 3—4—4 说明了营业推广对商品销售的作用。

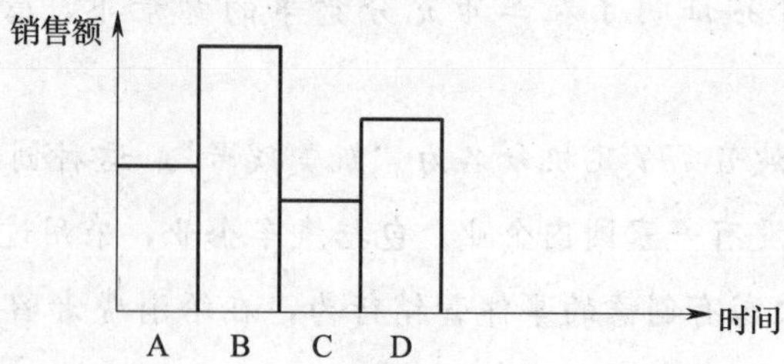

图 3—4—4 营业推广对商品销售的作用

＊A、B、C、D分别代表营业推广前、营业推广中、营业推广后较短期间内和营业推广后较长时间内。

营业推广具有针对性强、方法灵活多样和非经常性的特点，一般来说需要其他促销手段配合，它对企业推出新的品牌或新的产品，争取中间商合作有较大作用。但营业推广长期使用或单独使用，往往会引起消费者的反感，容易造成消费者对企业的误解，如长期采用降价、有奖销售等方法就容易造成这种影响。

3. 营业推广的主要形式

(1) 服务促销

通过周到的服务，使客户得到实惠，在相互信任的基础上开展交易。主要的服务形式有：售前服务、订购服务、送货服务、售后服务、维修服务、供应零配件服务、培训服务、咨询信息服务等。

【阅读资料】

一些汽车公司的服务促销措施

大众汽车公司在德国的 4 000 多个经销店和服务站，都可随时接受用户订车。经销商宽敞明亮的展厅、醒目的指示牌、齐全的产品样本和价目表、布置得体的洽谈室以及考虑周到的停车场，为顾客创造了良好的购车环境。在那里，顾客不仅可以喝上可口的咖啡、热茶，顾客的小孩还可到展厅的游戏角去尽情玩耍。经销商给用户提供全方位的服务，服务项目包括旧车回收、二手车交易、维修服务、提供备件、附件销售、车辆租赁、代办银行贷款、代办保险、车辆废气测试、顾客紧急营救等。经销商的销售业务有现货即期和远期交易两种。对于现货购买，用户一般在二三天内即可得到汽车，而且注册牌照等手续也代为办妥，对于想购买装有各种特殊装备的顾客，经销商通过计算机订货系统查询后，向顾客提供价格、交货期等详细信息，一切购车手续在几分钟之内即可完成。用户在合同上签字后，经销商即向大众公司订货，安排生产。交货期一般为 6 周，客户订的车辆在生产线上一直被监控着，经销商随时可查看该车的生产进度。

梅塞德斯—奔驰汽车公司采取了一系列扩大服务、促进销售的措施，如成立卡车租车公司，长期出租卡车；在欧洲实行卡车用户协议办法，持卡者可免费于公司设在欧洲的 2 700 个维修点维修车辆和增配零件；开设了以旧换新服务项目，建有旧车销售网和旧车销售情报中心，为顾客免费提供咨询；为出租车、救护车等专用车采购大户提供特别服务；实行奔驰机场修车和保养服务，顾客可利用出差、度假时间，在机场交出车辆进行保养维修。

宝马汽车公司在世界各地的销售商都必须就宝马车的买卖、选型、运转功能、成本、保险，甚至车用移动电话等特殊装备的细节问题，向用户进行内容广泛而深入的答疑和咨询服务。宝马公司十分重视对中间商就用户的特殊服务和全面服务进行培训。除了在境内建立众多的培训中心以外，宝马公司在世界其他各地都建有培训点。由于销售商直接与用户接触，因此，宝马认为销售商是宝马的形象代表，经常对用户展开有奖调查，以发现销售商是否符合宝马的要求。

宝马设有 24 小时巡回服务，行驶在世界各地的宝马车，一旦出现故障，只要一个电话，就近的巡回车就会赶到现场迅速排除故障。宝马还对用户报废车进行回收，建有拆卸旧车试验场，既为用户带来好处，又符合环保要求。

本田公司为了向用户提供优质服务，十分注重提高经销及技术服务人员的素质，连他们的举止仪表都有具体规定。例如，本田设于泰国的一个经销商规定管理人员每两个月要到五星级宾馆进行一次接待礼仪方面的研修，定期为女职员开设美容及选择服装方面的讲座。此外，为了提醒用户，该公司在定期车检之前，通常还采取信函方式通知用户前来接受服务，并对用户的合作表示谢意。修配厂还设有娱乐设施，并免费提供饮料，即使用户开来了其他公司的车，他们也一样服务周到，让用户满意而去。

(2) 开展汽车租赁业务

开展租赁业务，对用户而言，可使用户在资金短缺的情况下，用少部分现钱而获得汽车的使用权。汽车投入使用后，用户用其经营所得利润或其他收入在几年内分期偿付租金，最终还可以少量投资得到车辆的产权，可以使用户避免货币贬值的风险。对我国运输经营者而言，租赁业务可使用户享受加速折旧、税前还贷、租金计入成本、绕过购车手续等优惠。对于汽车生产厂来说，可以拓宽销售渠道，增加汽车的生产。对于汽车中间商而言，开办租赁业务也能够取得比进销差率更好的经济效益。用 3～5 年的时间不断收回车款、用户延期付款的利息及手续费、租赁业务利润等，而且在租赁期满后，仍然拥有产权，可按名义货价卖给用户，再次获得利润。

【阅读资料】

20 世纪 90 年代，欧洲汽车市场连年萧条，各汽车公司竞相推出“租借”销售法。虽然各公司在做法的具体细节上有所不同，但基本原则都是一致的。这种方法的租借期一般为 2～3 年，公司计算出三个基本要素：①租借押金，一般为新车价格的 30%。②每月租借费。③租借期满时汽车的价值（以限定里程数为基础计算），即“MGV”（Minimum Guaranteed

Value）价。每月租金按新车价格减去押金、MGV 价后，再加上利息计算出来。

用户期满后有三种选择：一是付出 MGV 价，买断这辆汽车；二是如用户认为汽车价值超过 MGV 价，亦可卖掉，归还租借商 MGV 价；三是归还汽车。这种销售方法，对暂时无力购买新车的用户来说，每月租借费并不高，比从银行贷款一次性买断新车划算，而汽车公司也可从中赚取更多的利润，有助于满足更多的喜欢新车的用户要求，促进新车的销售。

（3）分期付款与低息贷款

针对用户购车资金不足，除租赁租借销售方式外，分期付款和低息贷款也是汽车促销的重要方式。分期付款是用户先支付一部分购车款，余下部分则在一定时间内，分期分批支付给销售部门，并最终买断汽车产权；而低息信贷则是用户购车前先去信贷公司贷足购车款，然后再购车，用户的贷款由用户与信贷公司结算，汽车销售部门则在用户购车时一次收清全部购车款。信贷业务与汽车销售业务相互独立。

【阅读资料】

分期付款与低息贷款销售法目前十分盛行。如克莱斯勒汽车公司每年要向数十万名顾客发放卖方贷款，用户的贷款可在两年内分 18 次偿还；福特公司不仅给予用户 400～4 000 美元的价格折扣，而且给予 2.9%的低息贷款；丰田公司实行“按月付款销售”；现代公司的用户购车时只需付 20%～25%的车款，余下部分在十几个月至几十个月（最长可达 50 个月）内付清。

（4）鼓励购买“自家车”

国外汽车公司普遍对自己的职员优惠售车，他们将此种方式称为购买“自家车”，并以此唤起职工对本公司的热爱感，激发职工的责任感和荣誉感，较好地将汽车销售与企业文化建设结合起来。例如，大众公司规定本公司职工每隔九个月可以享受优惠购买一辆本公司的轿车政策，每年大众公司以此种方式销售的汽车近 10 万辆。近年来，我国部分轿车公司也在推进这种销售方式，加快轿车进入家庭的进程。

（5）订货会与展销促销订货会

订货会与展销促销订货会是促销的一种有效形式，可以由一家企业举办，也可以由多家企业联办，或者由行业及其他组织者举办。订货会的主要交易方式有：现货交易（含远期交易）、样品订购交易，以及进出口交易中的易货交易、以进代出贸易、补偿贸易等。

展销也是营业推广的有效形式，通过展销可起到“以新带旧”“以畅带滞”的作用。同时，企业在展销期间，一般给予购买者优惠，短期促销效果很明显。展销的主要类型有：以名优产品为龙头的展销、新产品展销、区域性展销等。

（6）价格折扣与价格保证促销

价格折扣是生产企业为了鼓励中间商或用户多买车而在价格上给予的优惠，包括批量折扣、现金折扣、特种价格折扣、顾客类别折扣等。这些办法都能促成中间商或广大用户扩大进货量，并有助于促进双方建立长期友好的合作关系。

这种推销法实际上是“薄利多销”策略的一种表现形式，其目的是刺激顾客的购买兴趣。卖方并不吃亏，为了留有打折的余地，厂商总是先把车价订得稍高一些，使打折后仍有利可图，同时也给用户一种“占了便宜”的印象。

(7) 先试用，后购买

这种促销方法是公司先将汽车产品交付用户使用，使用一段时间后，用户满意则付款购买，如不满意则退回公司。

(8) 以旧换新

以旧换新销售方法在汽车工业发达国家十分流行。这种方法是汽车公司销售网点收购用户手中的旧车（不管何种品牌），然后将公司的新车再卖给用户，两笔业务分别结算。公司将收来的旧车整修后，再售给那些买二手车的顾客。此种销售方法能满足用户追求新异的心理，又能保证车辆的完好技术状态，有较好的经济和社会效益。

(9) 精神与物质奖励

企业为了对推销成绩优异的本企业推销人员进行鼓励，充分发挥他们的能动性，可采取各种物质奖励和精神奖励的形式，激励推销人员为企业的促销做出更大的努力。企业也可以对使用本产品的用户，给予物质和精神奖励，以培养用户对本企业汽车产品的忠诚感。

(10) 竞赛与演示促销

企业根据目标市场的特点，对经销人员和单位组织各种形式的竞赛，以刺激和鼓励经销者和推销人员努力推销本企业的产品，树立良好的企业形象。对用户可以采取知识竞赛、驾驶水平竞赛等措施。演示促销可提供现场证明，增强客户的信任感、激发购买欲望等。汽车产品还可通过举办汽车拉力赛将竞赛与演示结合起来。企业可以利用这些比赛充分展示企业产品的性能、质量和企业实力，以树立和保持产品形象和企业形象。

对汽车最终用户的促销方式还有多种，尤其值得一提的是，汽车营销者应注重培育潜在市场和挖掘潜在需求，即创造需求，不断地为企业开辟更广阔的市场。例如，神谷正太郎针对 20 世纪 60 年代很多日本人不会开车的事实，在丰田销售公司创办了汽车驾驶学校，任何人都可以去那里免费学习汽车驾驶，这一举措吸引了不少的驾驶学习者。凡来参加学习的人员，不仅很快学会了驾驶技术，而且培养了驾驶乐趣和爱好，强化了他们的汽车理论和汽车占有欲望，不断地为丰田汽车培养忠诚的客户。

4. 对中间商的促销方式

上述对最终用户的促销方式，有些方式也可用于对中间商促销，如会议、展销、激励、奖励和价格保证等。总体上讲，生产企业对中间商的促销一般应围绕给予中间商长远的和现实的利益进行，具体方式有贸易折扣、建立牢固的合作机制、资金融通、广告补贴、商业信用等。

从贸易折扣方面看，生产企业可以从多个方面给予中间商贸易折扣。

（1）现金折扣

这种促销方式指如果中间商提前付款，可以按原批发折扣再给予一定折扣。例如，按规定中间商应在一个月内付清货款。如果中间商在 10 天付清款项，再给予 2％的折扣；如在 20 天内付清款项，只再给予 1％的折扣；如超过 20 天，则不再给予另外折扣。显然，这种促销方式有利于企业尽快回收资金。

（2）数量折扣

数量折扣是对于大量购买的中间商给予的一定折扣优惠，购买量越大，折扣率越高。数量折扣可按每次购买量计算，也可按一定时间内的累计购买量计算。在我国，通常称为“批量差价”。

（3）功能折扣。这种折扣形式是企业根据中间商的不同类型、不同分销渠道所提供的不同服务，给予的不同折扣。例如，美国制造商报价“100 元，折扣 40％及 10％”，表示给零售商折扣 40％，即卖给零售商的价格为 60 元，给批发商再折扣 10％，即 54 元。

有些汽车公司还根据中间商的合作程度给予不同折扣，如我国某汽车公司曾与经销商和用户建立了一种利润共享、风险均担的机制。其具体内容是：①凡在市场疲软时，保持或增加对本公司汽车订货额的经销企业，在市场畅销时，有优先保持和增加汽车资源的权利。②在市场疲软时，不要求增加价格折扣的经销企业，则在市场畅销时相应增加其价格折扣。③在市场疲软时，在合同外增购的汽车将享受较大的价格折扣。④对市场疲软时减少订货的经销企业，在畅销时也将减少资源供应量。当然，这种机制的前提条件是经销商要对制造商的产品在未来存在畅销机会抱有预期。从建立稳固的合作机制方面看，企业还可以同中间商就服务、广告补贴、送货、运费、资金融通等方面达成长期协议。总之，企业无论对哪种对象展开促销活动，都应根据具体情况，综合运用各种促销组合策略，并在实践中不断地创造有效的促销方式，为企业的市场营销增添新的特色和内容。

5. 汽车营业推广活动方案的组成

一份完善的汽车促销活动方案分为十二部分。

（1）活动目的

对市场现状及活动目的进行阐述。

此部分主要明确以下问题：市场现状如何？开展这次活动的目的是什么？是处理库存？是提升销量？是打击竞争对手？是新品上市？是提升品牌认知度及美誉度？只有目的明确，才能使活动有的放矢。

（2）活动对象

此部分主要明确以下问题：活动针对的是目标市场的每一个人？还是某一特定群体？活动控制在多大范围内？哪些人是汽车促销的主要目标？哪些人是汽车促销的次要目标？这些选择的正确与否会直接影响到汽车促销的最终效果。

(3) 活动主题

在这一部分，主要解决两个问题。

1) 确定活动主题。明确推广活动是采取降价、价格折扣、赠品、抽奖、礼券、服务汽车促销、消费信用，还是其他汽车促销工具。选择何种汽车促销工具和什么样的汽车促销主题，要考虑到活动的目标、竞争条件和环境及汽车促销的费用预算和分配。

2) 包装活动主题。在确定了主题之后要尽可能使活动主题艺术化，淡化汽车促销的商业目的，使活动更接近和打动消费者。这一部分是汽车促销活动方案的核心部分，应该力求创新，使活动具有震撼力和排他性。

(4) 活动方式

这一部分主要阐述活动开展的具体方式，有两个问题要重点考虑。

1) 确定伙伴。明确是与政府合作，还是与媒体合作？是汽贸公司单独行动，还是和汽车厂家联手？或是与其他汽贸公司联合汽车促销？和政府或媒体合作，有助于借势和造势；和汽车厂家或其他汽贸公司联合可整合资源，降低费用及风险。

2) 确定刺激程度。要使汽车促销取得成功，必须要使活动具有刺激力，即能刺激目标对象参与。刺激程度越高，促进销售的反应越大。但这种刺激也存在边际效应。因此，必须根据汽车促销实践进行分析和总结，结合客观市场环境确定适当的刺激程度和相应的费用投入。

(5) 活动时间和地点

汽车促销活动的时间和地点选择得当会事半功倍，否则费力且无成效。在时间上尽量让消费者有空闲参与，在地点上也要让消费者方便，而且要事前与城管、工商等部门沟通好。不仅发起汽车促销活动的时机和地点很重要，活动持续时间也要深入分析。持续时间过短会导致在这一时间内无法实现购车，很多应获得的利益不能实现；持续时间过长，又会引起费用过高，且市场形不成热度，降低产品在顾客心目中的价值。

(6) 广告配合方式

一个成功的汽车促销活动需要全方位的广告配合。选择不同的广告创意及表现手法、媒介配合都意味着不同的受众抵达率和费用投入。

(7) 前期准备

前期准备分三个方面。

1) 人员安排。在人员安排方面要做到“人人有事做，事事有人管”，无空白点，也无交叉点。谁负责与政府、媒体的沟通？谁负责文案写作？谁负责现场管理？谁负责礼品发放？谁负责顾客投诉？要各个环节都考虑清楚，否则就会临阵出麻烦，顾此失彼。

2) 物资准备。在物资准备方面，要事无巨细，大到车辆，小到螺钉，都要罗列出来，然后按单清点，确保万无一失，否则必然导致现场的忙乱。

3) 试验方案。尤为重要的是，由于活动方案是在经验的基础上确定，因此，有必要进行试验来判断汽车促销工具的选择是否正确，刺激程度是否合适，现有的途径是否理想。试验方式可以是询问消费者、填调查表或在特定的区域试行方案等。

(8) 现场管理和控制

1) 活动纪律。纪律是战斗力的保证，是方案得到完美执行的先决条件，在方案中应对参与活动人员各方面纪律做出细致的规定。

2) 现场控制。现场控制主要是把各个环节安排清楚，要做到忙而不乱，有条有理。同时，在实施方案过程中，应及时对汽车促销范围、强度、额度和重点进行调整，保持对汽车促销方案的控制。

(9) 后期延续

后期延续主要是媒体宣传的问题。要考虑此次活动将采取何种方式、在哪些媒体进行后续宣传。一定要让每一次汽车促销活动在媒体上都引起强烈反响。

(10) 费用预算

没有利益就没有存在的意义。应对汽车促销活动的费用投入和产出作出预算。

(11) 意外防范

每次活动都有可能出现一些意外，比如相关部门的干预、消费者的投诉，甚至天气突变导致户外的汽车促销活动无法继续进行等。必须对各个可能出现的意外事件作必要的人力、物力、财力方面的准备。

(12) 效果预估

预测此次活动会达到的效果，以利于活动结束后与实际情况进行比较，从刺激程度、汽车促销时机、汽车促销媒介等方面总结成功点。

上述十二个部分是汽车促销活动方案的一个框架，在实际操作中，应进行分析比较和优化组合，以实现最佳效益。

【阅读材料】

长城汽车营销推广活动策划方案

一、活动目的

1. 邯郸盛昌长城汽车4S店一直倡导“以客户为中心，以服务为先导”的经营理念。利用本次的营销活动最大限度地吸引目标客户，使得邯郸盛昌长城汽车4S店的良好形象成功根植于社会公众心目中，并用实际行动架起一座座心灵相通的桥梁。

2. 事实上，活动营销最主要的作用不仅在于促销，而是成为“公司对外宣传的一个新窗口”，通过这个窗口，车型宣传得到了有力推广，品牌宣传得到进一步延伸。

3. 推广活动并不可能在销售上产生立竿见影的作用，明智的目标定位应该是让参与活动的人在需要买车时，第一个想到的就会是盛昌长城汽车。

4. 目前，同一价位车型在性能、配置等方面非常接近，单纯从性能等各项指标来比较同一价位车型孰优孰劣，难度较大。因此要在销售上占据优势，除了汽车品牌的知名度、美誉度外，经销商提供的服务和汽车文化认同度也成为消费者重点考察的指标。

5. 通过开展邯郸盛昌长城汽车4S店的文化、优惠活动，真正有利于民，达到红火、热烈、吸引人的效果，造成较大的声势。

二、活动总策略

1. 围绕长城汽车的文化、优惠活动，突出“轻松购车在新丹兰”的主题，并以此为中心开展一系列的汽车品牌活动，引起强烈的反响。

2. 本次活动具有针对性、延续性，通过有趣、有利的活动形式的开展，把汽车爱好者、购车意向者等聚集于此，营造出红火热烈的良好氛围。

三、活动特点

1. 每周定期推选1～2个长城汽车品牌在新丹兰广场举行活动。

2. 活动形式多样，精彩丰富，包括比赛、新款汽车上市仪式、讲座、免费检测等，形成一周一个主题，引起社会公众的兴趣，并使行销直抵目标消费群。

3. 文化与优惠的结合，容易使消费者产生兴趣与参与愿望。

4. 三个主协办单位的强强联合，能使邯郸盛昌长城汽车4S店的活动动态得到及时、准确的报道与宣传，在提升邯郸盛昌企业形象的同时，也提高了长城汽车的实际销售量。

四、主题周活动策划思路与内容

第一周：长城凌傲

1. 基于长城凌傲前卫、硬朗、富有未来感的外形，第一周的活动以“阿凡达”真人秀为主题，在灵动和未来感中找到两者的切合点，作为吸引受众的一个焦点。

2. 现场解说人员充当主持人角色，在解说长城凌傲的同时，可以很好地控制现场气氛，煽动情绪。

3. 准备相机，有意向购车的客户留下姓名与联系方式后，即可与凌傲汽车和“阿凡达”模特合影，拍出照片送于客户留念，并附赠汽车资料。

4. 模特走秀，与凌傲时尚、前卫的外形相呼应，吸引此类型潜在消费人群。

五、活动现场策划

1. 现场布置4 m×8 m背景板，内容包括“靠近‘阿凡达’——长城凌傲与未来有约”亲民活动。

2. 在背景板后设遮阳伞与桌椅、笔、纸，方便有意向客户留下联系方式与姓名。

3. 装扮成“阿凡达”的男、女模特立于车旁，在解说人员的讲解下变换姿势，并热情与客户拍照。

4. 众模特穿新丹兰服装走秀。

六、活动流程

1. 10：00：背景板、红毯、舞台、遮阳伞、桌椅、笔纸、礼品、车及工作人员到位。

2. 10：30：销售人员告知观众活动内容及今日购车的优惠及礼品，并说明阿凡达真人秀将登场，并可与观众合影留念，合影的观众留下联系方式。

3. 11：00：阿凡达真人秀登场，众模特走上舞台，亮相后，走到车旁边站定。

4. 11∶10：五位模特身着时尚小礼服走秀。走秀期间，一旁的销售顾问要介绍提供礼服的店面，解说词可把时尚的衣服与凌傲汽车的特征结合。

5. 11∶30：第一场时装秀结束，鼓励观众与模特合影。

6. 12∶00：第二场时装秀开始，过程同步骤4。

7. 12∶30：上午场活动结束。

8. 14∶00：下午场活动开始。

9. 14∶10：销售人员告知观众活动内容及今日购车的优惠及礼品，说明阿凡达真人秀模特将登场，销售顾问可继续介绍车型及今日的活动，宣布阿凡达模特可与观众合影留念，合影的观众留下联系方式。

10. 14∶30：阿凡达真人秀登场，众模特走上舞台，亮相后，走到车旁边站定。

11. 14∶40：五位模特身着时尚小礼服走秀。走秀期间，一旁的销售顾问要介绍提供礼服的店面，解说词可把时尚的衣服与凌傲汽车的特征结合。

12. 15∶00：第一场时装秀结束，鼓励观众与模特合影。

13. 15∶30：第二场时装秀开始，过程同上。

分析：

1. 上述长城凌傲汽车营销推广策划案例中，用到了哪些营销推广的形式?

2. 你觉得上述策划案中，有哪些不完美的地方?试着改进这个策划案，加入更多的营销推广形式，使这个策划案更完善。

【能力训练】

汽车促销活动策划

2013款马自达6正式上市，新车相比老款在配置上有所升级，但售价维持不变，官方指导价依然为17.08万～19.98万元，详细售价见表3—4—1。[注：2013款马自达6的官方指导价为17.08万～19.98万元，但该车在市场终端有3.5万～5万元不等的优惠，因此4S店可以成交的价格（即终端售价）为13.58万元起。]

表3—4—1　　2013款马自达6官方指导售价

车型	官方指导售价（万元）	市场终端售价（万元）
2.0 L 6挡手动型	17.08	13.58
2.0 L自动时尚型	17.98	13.98
2.0 L自动超豪华型	19.98	14.98

联系当地经销商实际到店进行体验试驾或洽谈选购事宜。

外观方面，2013款马自达6原本的雾灯位置变为当前流行的LED日间行车灯。另外，翼子板上的侧转向灯也移至后视镜上面。内饰造型没有变化，不过2013款车型增加了全黑内饰，同时在中控台装饰了更多的采用了金属拉丝的装饰。

配置方面，时尚型取消了腰部调节，增加了液晶显示屏、蓝牙、USB 视频播放；超豪华型则增加倒车影像、感应雨刷、自动头灯、蓝牙、USB 视频播放，取消了腰部调节和座椅记忆，备胎变为 195/65 R15。

1. 训练内容

根据上述汽车促销活动方案的组成及要点完成 2013 款马自达 6 上市促销活动策划方案。分组进行，每四人一组，选出组长执笔。

2. 训练步骤

(1) 每组成员分工合作，先期通过各种方式查阅相关资料。

(2) 组长执笔完成促销活动方案（电子文档），可用插图或表格的形式来表现。

(3) 小组间交流策划方案并进行评阅，教师点评。

(4) 评出最佳策划书并作相应的修改完善，准备向专业杂志投稿。

3. 评价标准

(1) 学生学会自主查阅相关资料，以团队的精神完成工作。

(2) 能够把握汽车促销书的策划内容并进行优化组合。

(3) 要求在一周内完成整个策划方案。

四、公共关系

1. 公共关系概述

狭义的公共关系即企业为了适应环境，争取社会公众的了解、信任、支持和合作，以树立企业良好形象和信誉为目的而采取的各种有计划的行动。企业是一种社会组织，不可能离开社会而独立存在，不可避免地要与社会各界发生各种交往关系。诸如政府机构、司法机构、社会团体、金融机构、新闻界、经销商、代理商、消费者等，要想生存与发展，就必须有计划地采取行动和策略，处理好这些纵横交错的关系，以赢得社会公众的理解、好感和喜爱。这是企业成功必不可少的条件，也是公共关系的根本任务。

2. 公共关系的内容及策略

公共关系的主要任务是沟通和协调企业与社会公众的关系，以争取公众理解、支持、信任和合作，实现扩大销售。这一任务决定了其工作的主要内容是如何正确处理与公众对象的关系。

(1) 公共关系的内容

根据企业公共关系的对象和企业的发展过程，公共关系的主要内容包括如下几方面。

1) 企业与消费者的关系

在市场经济体制下，企业的一切活动都是在围绕着消费者的需求运转，“顾客就是上帝”从一个侧面反映了企业与消费者之间的关系。消费者作为企业一切社会价值的最重要评判者，他们的需求是企业营销活动的出发点，也是企业存在和发展的前提。因此，企业公共关系工作的主要内容是促使消费者对企业及其产品产生良好的印象，提高企业及其产品在社会公众中的知名度、信任度。企业与消费者的沟通主要分为：售前沟通、售中沟通、售后沟通。

①售前沟通，即企业与潜在用户的沟通。汽车作为一种技术和价值含量都比较高的商品，消费者在购买前必然要进行较长时间的了解、比较，需要收集一定的资料。企业应有计划地、主动地收集消费者的需求信息，及时将企业及产品的情况，如企业的宗旨、规模、在同行中的地位，产品的性能、规格、销售方式以及售后服务的内容等，传递给潜在用户，并了解其反应，以使企业更好地满足用户的要求，达到引导消费、坚定潜在用户的购买信心和决心的目的。

②售中服务，即企业与现实顾客的沟通。由于此时消费者的消费要求已经明确，而市场上同类产品众多，企业需要将自己的产品优势及能给消费者带来的特殊利益这类信息传递给消费者，协助引导消费者使用自己的产品，如散发宣传资料、汽车的有关技术指标资料等，这些工作一般由推销人员来完成。

③售后沟通，即企业与产品用户之间的沟通。它主要包括：第一，在售后服务中推进公共关系。汽车作为一种机电产品，其售后服务的质量直接关系到顾客的购买信心。有人说第一辆汽车是靠推销人员卖出去的，第二辆、第三辆则是靠售后服务卖出去的，可见售后服务工作对汽车销售的影响。在售后服务中加强与用户的沟通，可以及时了解用户的反馈信息，改进服务方式，树立良好的服务形象。第二，重视用户投诉。企业的有关人员要重视用户的投诉，认真对待，及时处理，这不仅有助于企业提高产品质量和调整产品结构，而且能消除企业与用户的误会与摩擦，增加相互的了解，建立持久的合作关系，从而影响相关消费群体对企业及产品的认识，促进产品的销售。

2）企业与相关企业的关系

汽车作为一种集机械、电子、化工等产品为一体的商品，企业要想独立完成从自然原料到产品销售的整个过程，是根本不可能的，它无时无刻不与相关企业发生着各种各样的关系，这些关系主要可分为以下几种。

①企业与竞争企业的关系。现代社会是一个竞争的社会，企业的产品在市场上会有许多竞争对象。企业在处理与竞争企业的关系时，要树立公平竞争的思想，正确处理竞争过程中的各种矛盾和冲突，绝不能采用诽谤、中伤、贿赂等不正当手段挤垮对手，以免企业的自身形象和信誉受到损失。

②企业与中间商的关系。汽车工业企业的产品除了直接销售的情况外，更多的是通过中间商来进行推销。企业要想在市场中发挥更大的作用，中间商的作用不可忽视。在处理与中间商的关系时，首先要使中间商觉得推销本企业产品能给其带来可观的利润或能促进其他商品的销售，产生经济效益，因此，企业应向中间商提供品质优良、设计新颖、适销对路的产品。其次，要加强与中间商的沟通。企业应将自己的各种基本情况及有关产品的所有情况准

确地告诉中间商，增强中间商的经销信心；同时应及时了解中间商对本企业产品的意见或建议，以便企业及时调整和改进，并要将结果及时反馈给中间商，以取得中间商的合作和支持。这一方面日本的丰田汽车公司和日产公司做得比较出色，其和中间商建立起了一种相互信赖、相互依存的关系，能达到一种共命运的境界。

③企业与供应商的关系。汽车工业企业，特别是整车生产企业要生产产品，就必然要涉及各种原材料、零部件的供应问题，相应地就要和供应商发生关系，因此，正确处理与供应商的关系是企业关心的主要问题之一。企业在处理与供应商的关系时，要以长期友好合作为目标，以互惠互利为基础，注意双方市场信息的沟通与交流，从而维持良好的供应关系，促进企业的生产和销售。

3）企业与政府及社区的关系

①企业与政府的关系。政府不仅是国家权力的执行机关，而且还是引导企业适应宏观经济发展要求的宏观调控者，企业在政府的指导下开展经营活动。因此，企业必须处理好与政府相关职能部门的关系，在接受政府有关部门的指导和监督的同时，赢得政府的信赖和支持。另外，政府作为企业产品的主要用户之一，处理好与其的关系，还可以促进企业产品的销售。国外的许多大汽车公司都设立专门的机构处理与政府部门的关系。

②企业与社区的关系。企业存在的一个条件是必须有一定的生产经营场所，正是因为有这个场所，企业才能开展生产经营活动，同时也就会和周围的企业、居民、社会组织发生各式各样的关系，只有建立起融洽的社区关系，企业才能站稳脚跟。企业与社区的关系主要依赖于信息的交流和参与社区的社会活动，其主要方式有：满足社区对企业的正当要求、加强企业与社区内居民的联系、为社区居民提供优良的服务和必要的公益赞助、积极参加社区内的社会活动，从而树立企业在社区居民中的形象，为企业的发展创造良好的周围环境。

4）企业与新闻界的关系

企业与新闻界的关系主要是指企业与新闻媒体和新闻工作者的关系。在现代社会生活中，新闻媒体和新闻工作者的作用日益突出，它不仅可以创造社会舆论，影响公众的观念；而且还可以引导消费，影响公众的生活方式，从而影响企业的社会形象，间接调整企业行为。因此，他们是企业实施公关策略、争取社会公众、实现公关目标的重要对象。

5）企业内部公共关系

企业内部的公共关系活动的目的在于加强企业内部团结，协调企业、员工、企业部门及投资者四方的关系，它直接关系到企业生产经营活动的正常开展，影响企业经营目标的实现。

(2）公共关系的基本策略

企业公共关系的策略可分为三个层次。一为公共关系宣传，即通过各种传播媒体向社会公众进行宣传，以扩大企业的影响；二为公共关系活动，即通过支持和组织各种类型的社会活动来树立企业在公众心目中的形象，以获得公众的好感；三是公共关系意识，即企业营销人员在日常经营活动中所具有的树立和维护企业整体形象的意识。公共关系意识的建立，能使公众在同企业的日常交往之中，对企业留下深刻的印象。从这个意义上讲，公共关系经常是融于企业的其他促销策略之中，同推销、广告、营业推广等手段结合使用，从而使促销的效果得以增强。

具体来讲，企业营销活动中的公共关系通常采用以下一些手段。

1）创造和利用新闻宣传

企业公共关系部门可编写企业的有关重要事件、产品等方面的新闻，或举办活动创造机会以吸引新闻界和公众的注意，扩大影响，提高知名度。例如日本丰田汽车公司每年举办“丰田杯”足球赛，对提高丰田公司在全世界的知名度有很大作用。新闻宣传不用支付费用，而且具有客观性，能取得比广告更为有效的宣传效果。但是新闻宣传的重要条件是：所宣传的事实必须具有新闻价值，即应具有时效性、接近性、奇特性、重要性和情感性等特点。所以企业必须十分注意提高各种信息的新闻性，使其具有被报道的价值。企业可通过新闻发布会、记者招待会等形式，将企业的新产品、新措施、新动态介绍给新闻界；也可有意制造一些新闻事件，以吸引新闻媒介的注意。制造新闻事件并不是捏造事实，而是对事实进行适当的加工。如利用一些新闻人物的参与、创造一些引人注目的活动形式、在公众所关心的问题上表态亮相等，都可能使事实的新闻色彩增强，从而引起新闻媒介的注意，并予以报道。公共关系的新闻宣传活动还包括对不良舆论的处理，即危机公关。如在新闻媒介上出现了对企业不利报道，或在社会上出现了对企业不利的流言，企业应当积极采取措施，及时通过新闻媒介予以纠正或澄清。当然若确因企业经营失误而导致的不良舆论，则应通过新闻媒介表示诚恳的歉意，并主动提出改进措施，这样才能缓和矛盾，重新获得公众的好感。

【阅读资料】

危机公关案例——大众 DSG 变速箱故障门

案例主角：

大众汽车公司创立于 1937 年，是德国最大的汽车生产集团，汽车产量居世界第五位。大众集团包括有在德国本土的大众汽车公司和奥迪公司，以及设在美国、墨西哥、巴西、阿根廷、南非等国的 7 个子公司。从 1984 年起，大众汽车就开始进入中国市场，目前在中国范围内已拥有 14 家企业，除了生产轿车外，还向消费者和行业提供零部件和服务。

案例回放：

2009 年 08 月，大众汽车北美公司宣布，在北美区域内召回大约 1.35 万辆汽车，主要是 DSG 变速器存在严重问题。

2009 年 08 月，国内第一款迈腾 DSG 变速箱问题曝光。在汽车之家的论坛中，有不少网友反映迈腾 DSG 变速箱出现故障。

2009 年 09 月，一汽大众与大众进口汽车销售有限公司宣布，从 2009 年 10 月 17 日起，召回部分装备 6 速 DSG 变速箱的 09 款国产迈腾。

2009 年 11 月，大众德国再次发布消息，称将再次召回 1.7 万辆装备 DSG 变速器的车型。

2010年05月，关于大众汽车DSG变速箱的投诉量不断攀升。一汽大众宣布，全系DSG变速箱的质保期从两年6万公里延长到4年15万公里。

2011年07月，上海大众采取跟进措施，将DSG变速箱的质保期延长至4年15万公里。

2012年“3·15”国际消费者权益日前夕，DSG变速箱问题再次得到广泛关注。“3·15”期间，大量消费者的投诉引发国家质检总局注意。国家质检总局约谈大众汽车公司相关人员，要求其尽快采取切实有效措施，解决DSG变速箱故障。

2012年3月1日，大众汽车公司向质检总局执法司提交了技术备案说明，计划在全球范围内采取软件升级方式解决DSG变速器机电装置阀门硼结晶导致换挡不平顺问题。大众公司称由于该问题不涉及车辆安全，将不采取召回的方式进行解决。

对于大众公司的技术备案说明和解释，质检总局组织相关技术机构及技术专家分析后认为，上述技术措施可能不能完全消除消费者反映的DSG变速器相关故障问题，要求企业进一步开展技术分析，并提交相关技术说明材料。

3月12日，北京市盈科律师事务所律师蒋苏华正式向国家质检总局递交“大众汽车7速DSG变速箱质量缺陷”的投诉与召回请求书。据悉，请求书中不仅有9位委托人授权书，还包含372位车主关于大众汽车7速DSG变速箱故障的情况统计。国家质检总局相关部门已接受召回请求书，将于15个工作日内给予答复。

3月14日，国家质检总局发布公告称，“3月13日下午，质检总局执法司再次约谈大众汽车（中国）相关代表，并要求大众（中国）启动缺陷调查工作”。这无疑再一次因为大众DSG变速器故障问题事件将大众公司推向了风口浪尖。

3月15日上午，质检总局办公厅副主任刘洪生在“3·15”国际消费者权益日“落实《质量发展纲要》，提振安全消费信心”主题活动现场，发布了2012年2类消费品产品质量国家监督抽查结果和2011年汽车产品缺陷信息投诉2方面情况。在这份质量发展纲要中，质检总局明确说明在消费者投诉信息中，比较典型的问题主要有：DSG变速器抖动、顿挫问题，安全气囊误爆问题，喇叭工作不良问题，发动机异常熄火问题，轮胎胎侧裂纹、鼓包问题。

3月15日下午3点，质检总局正式回复了申请大众DSG变速箱问题的蒋苏华律师的申请：称其所反映的大众汽车7速变速箱质量缺陷事项，已经转至国家质检总局执法司。

大众汽车公司的反应依然是认为此缺陷不涉及安全问题，可以通过相应的软件升级解决。其采用通过网站公告和4S店电话通知的方式，请涉及的车主到店免费进行软件升级，而没有采取大规模召回的方式处理。

但是，又有消费者投诉：他在3月17日到店进行软件升级后，感觉顿挫依旧，低速转弯时还是抖动，而且动力明显下降。有网站证实，类似的投诉在增加。

2012年4月，国家质检总局缺陷产品管理中心宣布，向全社会公开征集大众汽车DSG变速器故障信息，希望相关大众汽车用户积极反应故障情况，以便为进一步开展专家论证提供支持。

2012 年 5 月 23 日，大众汽车发布公告称，对最近一段时间由于 D Q200（七速）双离合变速箱给中国消费者带来的不便深表歉意，决定延长 DSG 变速箱的质量担保期，将在 2012 年 12 月 31 日之前生产的 D Q200（七速）和 D Q250（六速）双离合变速箱的质量担保期延长至 10 年或者 16 万公里（以先到者为准）。

2012 年 6 月 19 日，国家质检总局已回函盈科律师事务所高级合伙人蒋苏华律师，称“专家经过对消费者投诉反映的 DSG 变速箱故障问题进行分析、调查、论证，认为目前尚不能认定为缺陷。”

案例点评：

根据著名危机公关专家、关键点传媒董事长、华中科技大学公共传播研究所常务副所长游昌乔先生提出的危机公关 5S 原则，对案例做如下点评：

承担责任原则（SHOULDER THE MATTER）

大众汽车 DSG 变速箱问题曝光后，大众汽车北美公司和大众德国公司立即宣布召回，而大众中国公司只是宣布变速箱质保期延长。在国家质检总局两次约谈后，大众汽车公司依然认为这不涉及安全问题，避重就轻，拒绝召回，只向受害车主承诺服务升级。违背承担责任原则。

真诚沟通原则（SINCERITY）

随着车主投诉越来越多，大众汽车的公关部门虽然采用延长汽车的保修期或公里数的手段安抚消费者，但此方法不仅没有有效化解危机，反而导致危机愈演愈烈。另外，消费者对于大众汽车“一边卖新车，一边给‘问题汽车’延保维修”的做法非常失望。

速度第一原则（SPEED）

危机最初，2009—2011 年在国外市场宣布召回时，中国市场的大众汽车公司却不痛不痒地宣布延长质保期，危机和矛盾一直没有得到彻底解决。一直到 2012 年“3·15”期间，DSG 变速箱问题再次得到广泛关注，显然大众汽车中国公司违背了速度第一的原则。

系统运行原则（SYSTEM）

随着 DSG 变速箱问题关注度的提升，以及消费者投诉日益增多，大众汽车除了之前宣布变速箱质保期延长之外，没有采取任何措施。最终引起国家质检总局注意并两次约谈，以及律师介入，导致危机再次升级。

权威证实原则（STANDARD）

虽然国家质检总局的介入是由于大量的消费者投诉所引起的，两次约见大众汽车相关负责人，要求大众公司认真解决消费者的投诉，开展缺陷调查，但是最后质检总局给律师的回函表示“专家经过对消费者投诉反映的 DSG 变速箱故障问题进行分析、调查、论证，认为目前尚不能认定为缺陷”，也算给大众汽车带来了一点证言，然而，大众汽车在长期的危机处理中，品牌形象已然受到影响。

2）广告宣传

企业的公共关系活动中也包括利用广告进行宣传，这就是前文所提及的公共关系广告。公共关系广告同一般广告的主要区别在于：其以宣传企业的整体形象为内容，而不仅仅是宣传企业的产品和劳务；其以提高企业的知名度和美誉度为目的，而不仅仅为了扩大销售。公共关系广告一般又可分为以直接宣传企业形象为主的声誉广告，以响应某些重大的社会活动或政府的某些号召为主的响应广告，以及通过广告向社会倡导某项活动或提倡某种观念为主的倡议广告。

3）企业自我宣传

企业可以利用各种能自我控制的方式进行企业的形象宣传。如在公开的场合进行演讲；派出公共关系人员对目标市场及各有关方面的公众进行游说；通过丰富多彩的活动，如举办产品和技术方面的展览会或研讨会、演讲会、有奖比赛、纪念会、开幕式或闭幕式等，引起广大公众对企业和产品的注意，提高企业及产品声誉。现在许多世界著名的汽车公司十分注重在中国的公共关系工作。如在中国举办的多次汽车展览会上，许多国际大型汽车公司都展现了其优良汽车产品和技术实力，对提高产品和企业在中国的声誉有着巨大作用。

4）社会交往

企业应通过同社会各方面的广泛交往来扩大企业的影响，改善企业的经营环境。企业的社会交往活动不应当是纯业务性的，而应当突出情感性，以联络感情、增进友谊为目的。如对各有关方面的礼节性、策略性访问；逢年过节发礼仪电函、送节日贺卡；进行经常性的情况通报和资料交换；举办联谊性的舞会、酒会、聚餐会等；还可通过各种有意义的赞助活动，树立企业关心社会公益事业的良好形象，培养与有关公众的友好感情，从而增强企业的吸引力和影响力，比如一些汽车公司举办给灾区人民、希望工程和老少边地区捐赠汽车等活动。

公共关系对于促进销售的效应不像其他促销手段那样容易立见成效，但是一旦产生效应，其作用将是持久和深远的，对于企业营销环境的根本改善，能发挥特殊的效应，是企业促销策略组合中不可忽视的重要策略。

3. 公共关系活动策划书

为了应对突发事件和建立良好的公共关系，企业经常会策划一些公关活动，作为公关活动的重要内容，公关活动策划方案是企业公关活动中必须要做好的工作。

（1）公共关系策划书内容

1）分析企业形象现状及原因。企业形象现状及原因的分析工作，实际上就是要求在公关策划之前，对企业形象现状进行诊断，从而为选择公关活动目标和方法提供依据。

2）确定目标要求。一般来说，所要解决的问题就是公关活动的具体目标，它服从于树立企业形象这一总体目标。在策划时，公关活动目标应明确、具体，具有可行性和可操作性。

3）设计主题。公关活动的主题是对公关活动内容的高度概括，它对整个公关活动起着指导作用。主题设计得是否精彩、恰当，对公关活动成效影响很大。公关活动主题的表现方式是多种多样的，它可以是一个口号，也可以是一句陈述或一个表白。如东风日产“轩逸”的上市，为了充分显示该车优雅的设计格调和行如流水的驾驭感受，对情侣及夫妇消费群体开展有针对性的，主题表现优雅、浪漫、时尚等品牌诉求的公关活动，活动主题为“心动优雅，比翼双飞”。公关活动的主题看似简单，但设计却实非易事。设计一个好的活动主题一般要考虑三个因素：公关活动目标，即公关活动的主题必须与公关活动目标相一致，并能充分表现目标；信息特性，即公关活动主题的信息要独特新颖，有鲜明的个性，突出本次活动的特色；公众心理，即公关活动主题要适应公众心理的需要，主题要形象，词句能打动人心，使之具有强烈的感召力。

4）分析公众。公关活动是以不同的方式针对不同的公众展开的，而不是像广告一样通过媒介把各种信息传播给大众。因此，只有确定了公众，才能确定哪类公关活动方案最为有效，不同的公众群体有着不同的要求。

5）活动方式选择。公关活动方式的选择是策划的主要内容。通过何种方式开展公关活动关系到公关工作的成效。选择活动方式是创造性的工作，公关活动是否新颖、个性，关键取决于策划人员的创造性思维是否活跃。因此，在选择活动方式时，要充分发挥策划人员的独创能力和潜在能力。

(2) 公共关系策划书的内容要素

公共关系策划书没有固定的格式，策划者一般根据实际的需要和自身的文笔风格来撰写。但无论策划书的形式、内容有怎样的差别，理应包含的要素都不可或缺。

一份完整的公共关系策划书应当具备5W、2H、1E，即：

Why（为什么）——策划的缘由；

Who（谁）——策划者、策划方案针对的公众；

What（什么）——策划的目的、内容；

Where（何处）——方案实施地点；

When（何时）——方案实施时机；

How（如何）——方案实施形式；

How much（多少）——活动经费预算；

Effect（效果）——活动实施效果预测。

上述八个要素是一份完整的公共关系策划书应当具备的基本骨架。针对不同组织、不同内容与形式的公共关系策划方案，应当围绕这八个要素，根据企业的需要进行丰富完善和组合搭配，公共关系策划书的创造性与个性风格就存在于对要素的丰富完善和组合搭配的差异之中。

【能力训练】

华星北方汽车文化营销活动案例

策划背景：

华星北方汽车文化营销活动开始于2003年，指导思想确定为：以与媒体合作形式为主线，向商品营销注入文化内涵、公益内涵、大众化和企业公民的内涵，从而淡化企业固有的商业味道，在消费者心目中树立新的文化企业的形象。

近几年，华星北方汽车公司与天津市最大的平面媒体《今晚报》先后共同组织筹办了“首届今晚汽车交易博览会”“今晚·华星北方奥迪西部行”和“华星北方东风雪铁龙法国风情酒会”等系列活动。通过多项活动的开展，使企业充分体会到“汽车文化营销”是一个一举多得的营销方式：一是实现企业与媒体的高层次的切入；二是在提升汽车品牌形象的同时，更提升了汽车经销商本身的品牌形象；三是促进了经销商与品牌厂家的合作伙伴关系；四是增强经销商与消费者的紧密联系。正是基于这样的指导思想和活动预想，在2005年下半年，公司再次启动华星北方大型文化之旅——“蒙古探秘”。

文化溯源：

1. 核心标语：体验征程的快乐，感受美丽真实的草原，探寻被封闭、被掩盖、被忽略近一个世纪的神秘蒙古！

2. 了解蒙古

12世纪末，铁木真经过十多年战争统一了蒙古各部，1206年被推举为蒙古的大汗，尊称“成吉思汗”。“铁木真”对世界历史发展进程产生了重大影响，他和他的儿子们在二十五年的时间里，只用了十万军队就征服了比罗马帝国历经400年征战所取得还要广阔的土地。至今世界上还没有任何一个国家的疆域能够超越当时的蒙古帝国。

方案执行：

总括：2006年7月始，天津华星北方汽车俱乐部联合天津电视台都市频道、今晚报一行9人，自驾三辆越野车，从天津出发北上，由内蒙古二连浩特出关，由南向北横穿蒙古国。用15天的时间，驱车跋涉6 300公里，走遍戈壁、沙漠、沼泽、草甸、原始森林，与蒙古草原进行了一次真切的亲密接触。

第一阶段：活动历程

2006年7月6日，“蒙古探秘”车队从天津银河广场出发，拉开“蒙古探秘”活动的序幕。

2006年7月7日，按计划，车队进入蒙古要穿越547公里的东戈壁省，到达漠北成吉思汗的故乡肯特省的省会温都尔汗。

2006年7月9日，车队到达成吉思汗的出生地——达达勒苏木。这是个非常神秘的地方，它的中文意思就是禁忌之地，在20世纪90年代之前，它一直被视为“龙兴之地”，禁止进入。队员们成为今年来首批拜谒此地的中国探险车队。让人没有想到的是在成吉思汗出生的敖包旁竟然有一只大鹰守护。

2006年7月10日，车队到达乌兰巴托。这次“蒙古探秘”的活动在乌兰巴托引起了很大的关注。当日，在其最高级的五星级宾馆——成吉思汗宾馆举行了酒会，蒙古国最大的电视台、报纸、广播电台的记者全部到场，中国驻蒙古大使馆也派代表参加。蒙古农业大学的校长、蒙古商业银行行长、10多位中国派往蒙古的访问学者，以及部分中国在蒙古成功的投资者都纷纷赶来参会。随队的天津《今晚报》的文字记者、摄影记者以及电视台记者进行了现场采访。访问学者中有两位内蒙古著名的歌唱家（中央民族歌舞团的拉苏容和内蒙古民族学院的哈斯朝鲁）当场为队员献上原汁原味的蒙古民歌，并且拒绝使用麦克风，歌声高亢、悠扬，让人陶醉。蒙古国安全保障和劳动部部长亲自到酒店欢迎车队的到来，他欣然地接受了中国记者的采访，还高兴地在“蒙古探秘”的大旗上题词、签名。

2006年7月12日，车队到达蒙古国的故都——哈拉和林。它是蒙古国的故都，蒙古帝国时的首都。

2006年7月13至14日，车队到达绝美的圣境——库苏古尔湖。地处蒙俄边境，人迹罕至，每年能到达这里的外地人不足2 000人，蒙古本地人也很少来这里，我们是首批驾车到达这里的中国人。

2006年7月15日夜，车队到达蒙古第三大城市额尔登特。

2006年7月16日，车队到达额尔登特铜矿。这是世界第二大铜矿，其收入占蒙古国全年收入的40%，是蒙古国的经济命脉，所以管理相当森严。车队经多方协调，最终在当地管理部门的帮助下进入铜矿。

2006年7月18日，中国驻蒙古文化参赞王大奇在送北京摄影家采访团的路上，看到了我们的车队，并对我们的这次探秘活动给予了高度评价。

2006年7月20日20∶30，“蒙古探秘”车队完成了6 357公里的征程，带着探秘归来的喜悦和骄傲，也带着些许遗憾回到了天津。队员们都表示希望有一天能够再次重返这令人神往的蒙古草原。

第二阶段：媒体宣传

在本次活动的过程中，企业特邀了《今晚报》文字记者、摄影记者各一名，电视台记者一名，每天利用网络进行信息传输，国内媒体及时地对随队记者发回的资料在全国范围内进行立体报道。6月28日至7月21日，在《今晚报》进行连续不间断跟踪报道，累计头版3次，2版1次，产经版5次，11次报道，共计展示照片30张。7月6日至7月26日，在天津电视台都市报道中进行每天整点4次滚动播出。

活动效果：

1. 达到了活动的初衷：将一个真实的蒙古，一个鲜活的蒙古呈现给华星北方的汽车客户们，告诉给了更多的天津人，也让蒙古国的人们了解天津和天津人，了解华星北方。

2. 再次提升了“华星北方”的品牌魅力：“蒙古探秘”活动是一次成功的文化营销活动，在让天津汽车客户乃至更多的天津人了解到真实的蒙古的同时，也让人们加深了对“华星北方”的认知程度，成功地宣传了“华星北方”，提升了企业品牌建设。

3. 本次活动还对加强中国与蒙古国的文化交流起到了积极的推动作用。

分析：

1. 上述案例中运用了哪种公共关系的策略？

2. 上述案例的内容要素是否完整？请修改并完善。

【能力训练】

东风雪铁龙全新爱丽舍下线

2013 年 7 月 2 日，东风雪铁龙在武汉举行了全新爱丽舍的下线仪式，这款车计划于 2013 年第四季度上市。

全新爱丽舍是和标致 301 共享车型平台开发而来的，新车的海外版车型已经于 2012 年底在土耳其、西班牙、欧洲中部及阿尔及利亚上市。本次国产下线的全新爱丽舍在海外版车型的基础上做了一些本土化改进，以满足国内消费者的需求。

新一代爱丽舍采用了雪铁龙最新的设计语言，其车身设计继承了 C4L 的部分设计元素。使新车看起来相比现款车型时尚动感了许多。新车的内饰也采用了雪铁龙全新的设计理念，按键排布合理，各控制区分布位置非常清晰。

车身尺寸方面，该车长宽高分别为 4 427、1 748、1 476 mm，轴距达到 2 652 mm。新车的尺寸相比现款车型有了明显增加，最直接的好处就是后排座位空间更大了。

动力方面，全新爱丽舍上市初期将搭载 1.6L 发动机，这款发动机最大功率为 117 马力，最大扭矩为 150 N·m。与发动机匹配的除了 5 速手动变速箱外，自动变速箱方面依然是 4 速变速箱。

未来全新爱丽舍的主要竞争对手将是新桑塔纳、新捷达、斯柯达昕锐、日产阳光和即将上市的标致 301 等车型。虽然新车采用了全新的外形和内饰设计，但相比其他竞争对手并没有突出的优势，此外其 4 速自动变速箱也是新车的短板。在现今 6 速自动变速箱渐成主流的情况下，4 速自动变速箱则显得有点过时。

1. 训练内容

根据所学汽车公关销售活动方案的内容及要点，完成“东风雪铁龙全新爱丽舍”下线公关活动策划方案的设计。分组进行，每四人一组，选出组长执笔。

2. 训练步骤

(1) 每组成员分工合作，先期通过各种方式查阅相关资料。

(2) 组长执笔完成公关策划方案（电子文档）制作，可用插图或表格的形式表现。

(3) 小组间交流策划书并进行评阅，教师点评。

(4) 评出最佳策划书并作相应的修改完善，准备向专业杂志投稿。

3. 实训标准

(1) 学生学会自主查阅相关资料，以团队的精神完成工作。

(2) 能够把握汽车公共关系策划内容及要点，并进行优化组合。

(3) 要求在一周内完成整个策划书。

五、电子商务与网络营销

1. 网络营销与电子商务的概念

网络营销是企业整体营销战略的一个组成部分，无论传统企业，还是互联网企业都需要网络营销。电子商务主要是指交易方式的电子化，它是利用 Internet 进行的各种商务活动的总和，我们可以将电子商务简单地理解为电子交易，电子商务强调的是交易行为和方式。

2. 网络营销与电子商务的联系

网络营销是电子商务的基础，电子商务是网络营销发展的高级阶段，开展电子商务离不开网络营销，但网络营销并不等于电子商务。

网络营销与传统营销的区别和联系如下。

（1）网络营销和传统营销的相同点

①两者都是一种营销活动。

②两者都需要企业的既定目标。

③两者都把满足消费者需求作为一切活动的出发点。

④两者对消费者需求的满足，不仅停留在现实需求上，还包括潜在需求。

（2）网络营销与传统营销的不同点

①在产品上：在 Internet 上进行市场营销的产品可以是任何产品或任何服务项目，而在传统营销领域却很难做到。

②在价格上：在 Internet 上营销的价格，可以调整到更有竞争力的位置上。

③在销售上：网络营销具有“距离为零”和“时差为零”的优势，改变了传统的迂回模式，可以采用直接的销售模式，实现零库存、无分销商的高效运作。

④在促销上：Web 方式具有更丰富的内涵和现实方式。

⑤在决策上：网络营销的决策内容更多、响应速度更快。

网络营销是企业营销的组成部分，是以互联网为手段展开的营销活动，是电子商务的基础和核心。

3. 我国的汽车电子商务发展概况

汽车行业电子商务的应用一般可分为六个层次：一是企业建立专门的网站，向客户提供企业的信息，以树立良好的企业形象；二是进行网上市场调研，并实行有效的客户关系管理；三是实现零部件的网上采购；四是企业建立与分销渠道网络联系模式，实现网络化分销；五是将供应链网上集成，实现一体化运作；六是实现网上直接销售，向客户提供定制化的产品和服务。

在国内，汽车行业已经逐渐认识到发展电子商务的重要性，不论是汽车制造商、还是销售商都在不同程度地开展研究电子商务的应用，国内的相关汽车的专业网站也不少，层出不穷。一些大型的门户网站也提供汽车专栏，介绍汽车资讯、汽车导购、车型对比、汽车评测、汽车报价、汽车知识，甚至连虚拟购车栏目也有。大致上来看，国内的汽车行业开展电子商务如火如荼，以形式的层面来分，可以分为以下几方面。

(1) 建立属于企业自身的汽车网。以电子商务的应用来看，开展网上销售策略是必不可少的。在汽车网站上，消费者可以得到一些汽车资讯、相关的技术知识，如汽车保养方面的问题、汽车改装、汽车咨询等。

除此之外，汽车网站还能帮企业的汽车品牌做宣传，汽车品牌网站的主页也是以一种广告推广的形式出现，对消费者在购车、用车时所遇到的问题作出解答；获取消费者对品牌的反馈和意见，实行有效的客户关系管理。

(2) 业务拓展到互联网，在网上提供预订服务。线上预订功能是现在众多汽车网站所提供的服务，在国内，许多的汽车销售点开设在城市的周边，不方便客户选购。有了这项服务，消费者可以免去很多的不便，安坐在家中，在网上和业务员细谈汽车的价格等条件，待谈判完成则可约定购买时间，直接到经销点试车，付款取车。

(3) 汽车零部件的网上采购。汽车零部件的网上采购主要是以一种 B2B 的形式进行，即汽车制造商和零部件供应商之间的合作关系。发展网上采购，可使企业产生规模收益递增效应，整合行业上下资源，给整车厂、零部件供应商，乃至整个汽车行业带来深远的影响。其一，大大节省交易费用，降低采购成本。通过网络平台，整车厂可以迅速快捷地采购到所需的各种零部件，缩短交货期，减少库存。其二，整车厂可退出零部件生产环节，在更大范围内寻求最佳的零部件供应商，进而改变零部件的供求关系。其三，通过电子商务平台这一信息集散地，汽车零部件厂商能够迅速得到整车厂的最新发展动态，从而及时调整自己的战略重点和研究方向，缩短研发周期。目前，国内的汽车企业已经认识到发展零部件网上采购的重要性，正在努力地筹备与国际间平台的沟通。

与国际主要汽车制造商相比，我国汽车企业的电子商务发展还处于初级阶段。具体表现在三个方面。第一，我国汽车企业内部信息化的水平还处于较低层次，无论是 ERP 系统的实施，还是企业内联网的构建都落后于电子商务的发展要求。第二，汽车生产企业与零部件供应商及经销商的业务联系还多数停留在电话、传真阶段，与电子商务要求的网络化的业务运作相距甚远。第三，汽车制造商与汽车最终客户之间还没有建立起以网络为纽带的紧密联系，成功开展客户关系管理的汽车企业可谓凤毛麟角。因此，从目前我国汽车行业电子商务的发展状况来看，其还只是处在局部的、初级的阶段。

【案例分析】

福特委托 UPS 运送汽车（电子物流）

美国福特汽车公司宣布，它将把其汽车产品的运送服务交给联合包裹公司（UPS）麾下的 UPS 全球物流集团，这是福特公司近来的一笔不小的合同。

两大公司建立的这种合作业务关系要求 UPS 全球物流集团全权负责管理福特公司生产的福特牌和林肯牌小轿车在美国、加拿大、墨西哥三国的运送业务。UPS 全球物流集团作为第三方物流公司，并不是进行汽车产品的物质流动，而是代表福特公司进行系统性的管理。正如UPS全球物流集团首席执行官丹·迪马基所说："我们所要做的是设计福特的运送网络，推广新的管理实践，消除瓶颈，减少耽搁，并提供信息技术系统服务，以提高产品最终运送到消费者过程的监控能力。我们公司将这种服务视作从规模化运送系统服务向为单一车辆的展出和个性化服务的转变。"

两家公司表示，它们希望双方建立的这种合作联盟关系能够将汽车产品从生产厂到最终消费者的时间减少40%，将比目前的14～15天减少若干天。福特公司还希望这种转变将实现实质性的成本节约。

福特的目标不仅仅是节省成本支出。福特公司负责原料、计划与物流的副总裁弗兰克·泰勒说："我们将速度视为重要的竞争优势，决定采取进一步措施，希望走在时间的前面，通过追求速度和精确服务来满足消费者的需求。"

将这项服务转交UPS全球物流集团实施还需要18个月时间，但福特公司希望此项转变立即见效。泰勒称，福特公司将在这场转变服务的过程中实现库存减小和资金利用的有效改善。他说："由于时间的浪费和难以实现精确的服务，给我们造成很大的损耗。虽然服务台的实施需要1年半的时间，但我们可以在这个系统中的某些环节实现利润。"

合作双方将提供以网络为基础的信息服务系统，使福特公司及其经销商能够跟踪单一产品从生产到最后运送的整个过程，最后，实现消费者也能使用这种跟踪服务。泰勒说："福特用户在网上采购汽车产品，会惊喜地发现他们也能够利用网络这个工具来跟踪他们所购产品的运输过程。"

这种运作先期将主要在美国西部和西南部进行，然后扩展到全美国、加拿大和墨西哥。

分析：此案例中，福特采用电子物流的手段来运送汽车，对汽车网络营销有什么促进作用？

【能力训练】

1. 训练内容

(1) 通过网络或者书籍查阅汽车网络营销推广的典型案例（奔驰MINI网络营销推广策划案），总结出汽车网络营销的内容、步骤、注意要点。

(2) 分组训练：为福特汽车专营公司制定福特嘉年华2013款两厢1.5 L自动运动型车迎接十一促销活动策划方案。

2. 训练步骤

(1) 每组成员分工合作，先期通过各种方式查阅汽车网络营销的方法及策略。

(2) 查阅福特嘉年华2013款两厢1.5 L自动运动型车的相关知识。

(3) 每组写出此款汽车网络营销策划方案并进行评阅，最后由教师点评。

(4) 评出最佳策划书并作相应的修改完善，准备向专业杂志投稿。

3. 评价标准

(1) 学生学会自主查阅相关资料，自觉学习新的知识并灵活运用，以团队的精神完成工作。

(2) 能够掌握并熟练运用汽车网络营销策划的策略及步骤。

(3) 要求在一周内完成整个网络营销策划书。

第四章　汽车营销流程

§4—1　销售前的准备

学习目标：

1. 掌握汽车销售前准备的相关知识，并学会运用汽车销售技巧。
2. 提高在汽车营销实战中的销售能力。

汽车是高技术含量、高价值的商品，顾客在购买的过程中需要大量的信息，汽车营销员在销售前需要熟练掌握汽车企业的文化、汽车产品的性能，可以详细、明了地解答顾客提出的各种问题，打消顾客疑虑，获得顾客的信任，吸引顾客的青睐，提高销售业绩。另一方面，汽车营销员自身的销售技巧及对消费者信息的掌握，也是促进销售的关键。

一、汽车企业知识准备

顾客选择某一车型，除了对汽车的性能、价格认可之外，往往还出于对某汽车品牌的喜爱和对某汽车企业的信任。因此，汽车营销员应对公司的概况、品牌历史、品牌定位、销售政策有充分的了解，才能获取顾客的信任，增强顾客的购买信心，促使其尽快作出购买决定。

1. 企业概况

企业概况主要是指企业成立的时间、规模、目前主要生产销售的车型、发展方向及目标、利润、所获得的奖项和荣誉等。销售人员可以通过对企业概况的介绍，树立顾客的购买信心，提高顾客对企业的认可度。

【阅读材料】

奇瑞公司概况简介

奇瑞公司成立于1997年1月8日，注册资本为39.8亿元。公司以打造“国际名牌”为战略目标，经过十五年的创新发展，现已成为国内最大的集汽车整车、动力总成和关键零部件的研发、试制、生产和销售为一体的自主品牌汽车制造企业，以及中国最大的乘用车出口企业。“自主创新”是奇瑞发展战略的核心。从创立之初，奇瑞就坚持自主创新，努力成为一个技术型企业。奇瑞已形成了以芜湖的汽车工程研究和研发总院为核心，以北京、上海以及海外的意大利、日本和澳大利亚的研究分院为支撑，从整车、动力总成、关键零部件开发到试制、试验较为完整的产品研发体系。2008年，奇瑞成为我国首批“创新型企业”“节能环保汽车技术平台建设”的两个项目分别荣获国家科技进步一等奖、二等奖。截至2011年年底，奇瑞公司累计申报各项专利6 626项，累计获得各项授权专利4 595件，位居本土汽车企业第一位。

练习：分析汽车销售人员介绍企业概况时应包含的内容，并结合上述材料，以小组为单位模拟销售情景，向顾客介绍奇瑞公司的企业概况。

2. 品牌历史及品牌定位

品牌意味着市场定位，意味着产品质量、性能、技术、装备和服务的价值。品牌形象源于消费者的认同。熟悉汽车品牌的发展历史，可以获得许多有价值的资料和信息，可将其用于在顾客中树立企业形象，传播企业文化。这些资料主要包括企业的创始人、企业的创立时间和地点、企业的车标及其来历、企业早期的生产规模和产品数量、早期的销售状况、企业车型的发展历程、品牌发展过程中的重要车型及重要事件等。

从消费者心理的角度分析，购买一个汽车品牌的商品，不仅仅关心汽车具有什么功能，更重要的是体验汽车的个性，使消费者感到品牌的个性适合自己的身份。如奥迪汽车是“突出科技，远见未来，富有创新概念，充满激情”；奔驰汽车体现“王者、尊贵、显赫”；劳斯莱斯汽车是“皇家贵族的坐骑”；宝马汽车则是“驾驶的乐趣”；沃尔沃汽车定位于“安全”。

二、汽车产品知识准备

专业的汽车销售顾问必须具备全面的知识，有自己独到的见解，能够建立顾客的信任度，帮助顾客建立倾向于自己所销售汽车产品的评价体系与评价标准。销售的最大难点是每位销售人员必须对其所销售的汽车产品有一个全面、深入的了解，对竞争品牌的产品有深入的认识，非常熟悉相关的汽车专业知识。汽车产品知识的准备主要包括熟记汽车产品的各项参数、分析产品的主要性能、与同类产品性能的比较等。

1. 熟记汽车产品的各项参数

熟记汽车产品的各项参数是介绍汽车产品的基础，只有在对商品的重要参数非常熟悉之后，才能透过这些枯燥的数字分析产品的性能，总结出产品的特性，并能回答出顾客的各种疑问，为顾客提供最适合他们的商品。这样可以增加顾客对营销员的信任，促进销售的进一步发展。

【能力训练】

讨论题：汽车产品包含哪些技术参数？销售人员应如何介绍？

练习：以小组为单位，选择一种车型，查阅相关资料，填写表中各问题的答案（见表4—1—1），并互相考核，要求流利说出相关技术参数。

表 4—1—1 销售顾问必须牢记的汽车参数

问　题	答　案
车长	
车高	
轮距	
轮胎尺寸	
轴距	
时速 90 km 的等速油耗	
车内有多少个车灯	
车内储物空间有多大	
车内有多少个喇叭	
车后视镜有多大	
百公里加速是多少	
发动机压缩比是多少	
离地间隙是多少	
最高时速是多少	
有多少个操控按钮	

2. 分析汽车产品的性能

汽车销售顾问要掌握汽车的性能，包括汽车的外形、动力与操控性、舒适实用性、安全性、先进科技性五个方面，能根据顾客的兴趣及关注点进行详细介绍。

3. 竞争产品的比较

通常顾客对竞争车型都会十分关注，要使自己销售的汽车产品在众多车型中脱颖而出，打动顾客，就必须对竞争产品的各项性能参数、技术指标非常了解。找出竞争产品的优势和劣势，有针对性地进行差异化销售，才能最终说服顾客。要赢得顾客的信任，销售顾问一定要对经销品牌的竞争车型有深入了解，并且找到说服客户和赢得信任的方法。

【阅读材料】

雪铁龙 C4 L 1.6T 竞争力分析

东风雪铁龙 C4 L 是以欧版最新一代 C4 为基础，再为中国市场量身打造的紧凑型车，其让人眼前一亮的外观设计、标致雪铁龙与宝马共同研发的 THP 发动机的登场都让 C4 L 获得了耀眼的光环。当然消费者在决定是否购买时，也会被市面上琳琅满目的各种紧凑型车所迷惑，雪铁龙 C4 L 到底物有所值吗？如下是雪铁龙与主要竞争车型的分析。

1. 动力分析

在许多没有采用涡轮增压动力的竞争车型中，此处采用高低配动力对比的方式，查看 C4 L 与竞争车型的优劣区别，见表 4—1—2。

表 4—1—2　　东风雪铁龙 C4 L 与竞争车型高低配动力对比

车型	官方起步价	最大功率	峰值扭矩
雪铁龙 C4 L 1.6L	12.39 万	84 kW（114 ps）	150 Nm/4 000 rpm
日产轩逸 1.6L	11.90 万	93 kW（127 ps）	154 Nm/4 000 rpm
本田思域 1.8L	13.10 万	104 kW（141 ps）	174 Nm/4 300 rpm
福特福克斯 1.6L	11.99 万	92 kW（125 ps）	159 Nm/4 000 rpm
雪铁龙 C4 L 1.6T	16.19 万	120 kW（163 ps）	240 Nm/1 400～4 000 rpm
日产轩逸 1.8L	13.70 万	102 kW（139 ps）	174 Nm/6 000 rpm
本田思域 2.0L	17.58 万	114 kW（155 ps）	190 Nm/4 300 rpm
福特福克斯 2.0L	16.99 万	125 kW（170 ps）	202 Nm/4 450 rpm

由表 4—1—2 可以看到，在入门动力车型中，C4 L 同样不占任何优势。面对竞争车型是 1.6L 或 1.8L 的动力时，在功率和扭矩上都相差甚多，而 12.39 万的起步售价也接近思域 1.8L 的水平，显然缺乏性价比。然而 C4 L 的 1.6 THP 发动机面对自然吸气的竞争车型则显得游刃有余，毫不输于轩逸的 1.8L，只有福克斯 2.0L 可以与其一争，思域的 2.0L 则因为高昂的售价显得更没竞争力。

2. 安全性配置对比

安全性配置应当在消费者的首要位置考虑，通过表 4—1—3 可以看出，雪铁龙 C4 L 的主被动安全设备还是很齐全的。英朗 GT 入门车型相对少了很重要的 ESP 系统，不过则多了前排侧气囊；而速腾入门手动时尚型的安全配置确实是最齐全的。不过无论是英朗 GT 还是速腾的入门级车型价格都比 12.39 万起步价的 C4 L 入门型贵，因此 C4 L 入门型的安全配置还是值得肯定的。

表 4—1—3　　雪铁龙 C4 L 1.6L 劲享版与主要竞争车型安全性配置对比

车型	雪铁龙 C4 L 1.6L 劲享版	英朗 GT 1.6 手动舒适版	速腾 1.6L 手动时尚版
ESP 稳定控制	●	—	●
TSC 牵引力控制	●	—	●
坡道辅助	●	—	●
倒车雷达		—	●
前排双气囊	●	●	●
前排侧气囊	—	●	—
前后头部气帘	—	—	—

讨论题：销售人员在为顾客做竞车比较时，应该做到哪些方面？

三、消费者信息准备

1. 寻找潜在消费者

寻找潜在的汽车消费者是汽车销售人员大部分时间做的工作。汽车售前准备主要针对的就是潜在的购买者，要把这些潜在的购买者转化为现实购买者，就需要做好充分的准备工作。

寻找潜在消费者的方法如下。

(1) 在认识的人中发掘

在销售人员的交际圈中就可能有人需要购买车辆，或者他们知道谁有购买需要。在寻找的过程中，根本任务就是沟通，让他人知道自己，了解自己，这将成为销售人员开启机会的大门。

(2) 展开商业联系

销售人员应学会经营与政府部门、行业协会、驾驶培训学校、汽车俱乐部等组织的关系，这可以带来更大的长远利益。

(3) 连锁介绍法

借助专业人士的帮助，结识一些商业伙伴，从用车顾客中寻找潜在顾客，通过老顾客介绍新顾客，会取得较好的人际扩散效应。

(4) 在陌生人中开发

对陌生人的开发，主要是对陌生顾客资料的收集，可以通过报刊、网络、电话簿、会员名录等多种手段获取，以扩大顾客的范围。

2. 5W1H 法

销售顾问不仅需要对销售的汽车产品非常熟悉，同时也需要了解销售对象，即客户的各种信息。对消费者的信息可以通过 5W1H 法掌握，见表 4—1—4。

表 4—1—4　　　5W1H 法

5W1H 内容	释义	营销者的工作
What	消费者知道什么，购买什么，包括消费者青睐的车型、喜欢这款车型的特征、颜色、性能、配置等	必须指导消费者认识了解产品的优势，即给消费者带来什么样的好处，强调产品的关键卖点
Who	目标客户是谁，即谁买，包括消费者的年龄、收入、职业、性别、性格特征	进行专业调查，区分购买过程中购买者、决策者、消费者的角色，以便开展针对性的营销活动
When	消费者什么时候购买产品	根据消费者的消费周期（节日性消费，丰收或发薪水带来的习惯性相对大的消费），不断创新产品特性，创新营销方式，迎合、引导、改变消费者的喜好，适时开展优惠酬宾活动，吸引消费者的购买
Where	消费者去哪里购买产品	创建合理的产品分销渠道。分销渠道的建立目的是提高销售、扩大知名度
Why	消费者为什么购买，主要是指消费者买车的主要用途，包括商用、家用，是代步还是旅游	充分展现产品的优势，进行有的放矢的介绍，引导消费者消费
How	消费者如何购买，消费者采取怎样的方式买车，是一次性付款，还是贷款	介绍并提供多种消费方式，以供消费者选择

【阅读材料】

乔·吉拉德的销售秘诀

乔·吉拉德，因售出 13 001 辆汽车，创造了商品销售最高纪录而被载入吉尼斯大全。他曾经连续 15 年成为世界上售出新汽车最多的人，其中 6 年平均售出汽车 1 300 辆。

乔·吉拉德很有耐性，不放弃任何一个机会。或许客户五年后才需要买车，或许客户两年后才需要送车给大学毕业的小孩当礼物；没关系，不管等多久，乔·吉拉德都会隔三岔五打电话追踪客户，一年十二个月更是不间断地寄出不同花样设计、上面永远印有“I like you!”的卡片给所有客户，最高纪录曾每月寄出一万六千张卡片。

乔·吉拉德还特别把名片印成橄榄绿，令人联想到一张张美钞。每天一睁开眼，他逢人必发名片，每见一次面就发一张，坚持要对方收下。乔·吉拉德解释，营销员一定要让全世界的人都知道“你在卖什么”，而且一次又一次加强印象，让这些人一想到要买车，自然就会想到“乔·吉拉德”。

图 4—1—1　乔·吉拉德的“撒”名片方法

乔·吉拉德有一个特别的习惯，喜欢在公众场合“撒”名片，例如在热门球赛观众席上，他便整袋整袋地撒出名片，他耸耸肩表示，“我同意这是个很怪异的举动，但就是因为怪异，人们才会记得，而且只要有一张落入想买车的人手中，我赚到的佣金就超过这些名片的成本了！”

他把诚实定为推销的最佳策略，乔有一句名言：“我相信推销活动真正的开始是在成交之后，而不是之前。”

讨论题：营销员如何增加客户量？如何开发潜在顾客？如果你是一位汽车销售人员，从乔·吉拉德身上能学到什么？

§4—2 销售过程管理

学习目标：

1. 根据不同顾客类型，正确分析客户需求，进行车辆介绍。
2. 能正确处理顾客的异议，掌握与顾客协商及交易的技巧。
3. 能够掌握交车及验车的内容与步骤。

一、展厅接待

进入展厅的顾客，都是对所销售的汽车有兴趣，希望能亲眼看看、亲身感受一下。凡进入展厅看车的顾客，意愿极高，容易成交。如果顺利的话，很有“当天签约”的可能性。熟悉展厅接待的流程及基本动作，是销售成功的必备条件。

1. 展厅接待程序

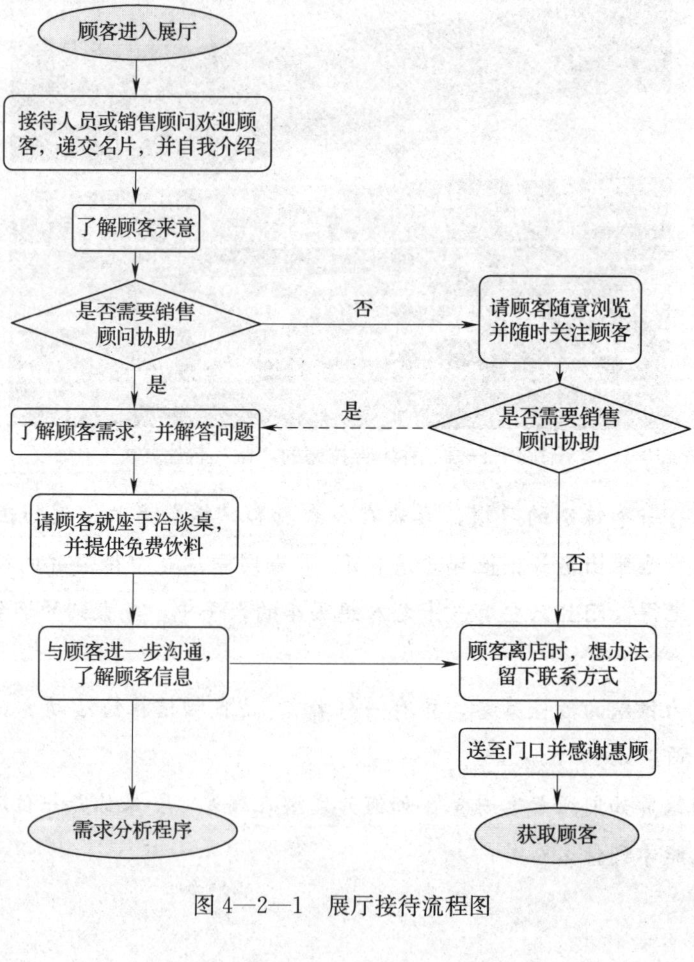

图 4—2—1 展厅接待流程图

2. 展厅内接待基本礼仪

销售顾问仪容仪表标准：

(1) 公司内部统一着制服，保持整洁、合体、平整；

(2) 男士着浅色衬衣配领带；

(3) 女士着制服裙配长筒袜；

(4) 佩戴统一胸牌；

(5) 头发应经常修剪，不宜过长，梳理整齐，无头屑，不染奇特颜色；

(6) 深色皮鞋，擦拭干净；鞋跟磨损不严重；袜子颜色应与制服和皮鞋颜色协调；

(7) 保持手和指甲清洁，指甲长度不宜过长，且修剪整齐，不染色；

(8) 女士要化淡妆，自然、淡雅；饰物应小巧精致，不超过 3 件；

(9) 男士胡子要刮净，腰间不佩戴任何饰物，包括手机；

(10) 身体无异味、口腔无其他异味，工作时间不嚼口香糖、不吸烟；

(11) 保持良好的精神状态。

3. 交换名片的时机和方法

(1) 销售顾问递交名片时，需将名片上的名字反向对己，双手食指弯曲与大拇指夹住名片左右两端，恭敬地送到对方胸前，并将自己的姓名自信而清晰地说出来。

1) 初次相识，可在刚结识时递上自己的名片，并将自己的姓名自信而清晰地说出来，这有利于顾客迅速知晓自己的基本情况，加速交往进程。

2) 有约访问或有介绍人介入时，顾客已知你为何人，可在告别时取出名片交给对方，以加深印象。

(2) 销售顾问接受名片时，应用双手去接，专心并自然地朗读一遍，以示尊敬。如对方名片上未留电话，应礼貌询问。不可漫不经心地往口袋中一塞了事，尤其是不能往裤子口袋塞名片。若同时与几个人交换名片，又是初次见面时，要暂时按对方席位顺序把名片放在桌上，等记住对方后，及时将名片收好。

4. 交谈姿态

与顾客初次见面，距离要适中，距离维持在 70～200 cm 之间，可根据与顾客的熟悉情况适当缩短彼此空间距离，但一般至少要保持在伸出手臂不能碰到对方的距离。面部表情温和，音调适中，表现真诚。具体姿态详见本书第一章。

5. 展厅内接待前准备

(1) 展厅需备有下列物品

1) 饮水机、饮品、杯子、糖果、烟、烟灰缸（干净）、雨伞等。

2) 电脑、展厅集客量统计表、洽谈记录本、名片、笔等。

(2) 查看商品车库存（品种、颜色、数量、优惠标准等）情况及即将到货情况，浏览当月工作计划与分析表。

(3) 桌面整理干净，需布置装饰品（如鲜花等），保持室内空气清新自然。

(4) 电脑开机，方便随时输入客户信息或调出客户档案等。

(5) 销售顾问必须配备工具包（人人配备，随身携带），包内准备如下物品。

1) 办公用品：计算器、笔、记录本、名片（夹）、面巾纸、打火机。

2) 资料：公司介绍材料、荣誉介绍、产品介绍、竞争对手产品比较表、媒体报道剪辑、客户档案资料等。

3) 销售表：产品价目表、新（旧）车协议单、一条龙服务流程单、试驾协议单、保险文件、按揭文件、新车预订单等。

6. 展车

(1) 需备有展车管理名册及检查表

1) 展车清洁工作要落实到销售顾问每个人，保证展车时刻保持清洁，车内空气清新。

2) 展车门不上锁，方便来客进入车内观看、动手体验。

(2) 每日必须召开早会、晚会（销售经理主持，时间控制在 20～30 min）（见表 4—2—1）

表 4—2—1　　早、晚会内容

早　会	晚　会
确认当天每位营销员工作目标与任务，检查日工作计划安排情况	营销员汇报当天任务完成情况，如集客的数量、成交量、毛利及遇到的问题
对营销员进行有效的支持 激励营销员士气	由销售经理主持，销售团队共同讨论解决问题的方法
销售人员仪表仪容互检	专题培训
会后，营销员即可进行接待顾客前的准备工作	销售经理依据 CRM 系统中的报表对营销员进行个别指导

7. 展厅内接待

(1) 顾客进入展厅

顾客进门后，需 30 s 内觉察客户来临，并上前打招呼“欢迎光临××展厅”，2 min 内要与客户进行初步接触。

说明：

1) 30 s 内察觉到顾客的到来，并在几秒钟内大脑就要加工处理顾客的信息，如依据其衣着、姿态、面部表情、眼神、肤色等，评估出顾客的态度、购买倾向等，注意不要以貌取人。

2) 目光相遇时，点头示意。如顾客点头回应，应即刻走上前进行接待；如果顾客视而不见，且直奔展车区，专注看车，可给顾客 1～2 min 的自由看车时间。

3) 面带微笑，目光柔和注视对方，以愉快的声调致欢迎词“欢迎光临，我是销售顾问

×××，请问有什么可以帮助的吗?”

4）和每个来访者必须在 2 min 内打招呼并进行交谈，可适当地交流一些与车无关的其他话题，借此打消顾客本能的警惕和戒备，拉近彼此心理距离。

5）接待要做到礼貌、热情，所有员工与顾客目光相遇时皆应友好地点头示意，并打招呼“您好!”。良好的第一印象有助于增强顾客对产品品牌、公司和个人的信任，为后续放松、深入的交谈奠定坚实的基础。

6）如顾客是再次来展厅的，销售顾问应该用热情的言语表达已认出对方，最好能够直接称呼对方。如“张女士，您来了，上次大连旅行收获很大吧?”或“张女士，您来了，咦!头型换了，好漂亮啊!”等。

(2）顾客要求自行看车或随便看看时

1）回应“请随意，我愿意随时为您提供服务”。

2）撤离，在顾客目光所及范围内，随时关注顾客是否有需求。

3）在顾客自行环视车辆或某处 10 min 左右，仍对销售顾问没有表示需求时，销售顾问应再次主动走上前询问“您看的这款车是×××，是近期最畅销的一款，……”“请问，……”

4）未等营销员再次走上前，顾客就要离开展厅时，应主动相送，并询问快速离开的原因，请求留下其联系方式或预约下次看车时间。

(3）顾客需要帮助时

1）亲切、友好地与顾客交流，回答问题要准确、自信、充满感染力。

2）向顾客提开放式问题，了解顾客购买汽车的相关信息，如：大众车给您的印象如何?您理想中的车是什么样的?您对大众产品技术了解哪些?您购车考虑的最主要因素是什么?(建议开始提一些泛而广的问题，而后转入具体问题)

3）获取顾客的称谓，“可以告诉我，您怎么称呼吗?”，并在交谈中称呼对方（张先生、王女士等)。

4）主动递送相关的产品资料，给顾客看车提供参考。

5）照顾好与顾客同行的伙伴。

6）不要长时间站立交流，适当时机或请顾客进入车内感受，或请顾客到洽谈区坐下交流。

(4）顾客在洽谈区

主动为顾客提供饮用的茶水，并于此时运用客户洽谈卡收集潜在顾客的基本信息。

1）主动提供饮用的茶水，递杯时，左手握住杯子底部，右手伸直靠到左前臂，以示尊重、礼貌。

2）充分利用这段时间，尽可能多地收集潜在顾客的基本信息，尤其是姓名、联系电话。如请潜在顾客填写接洽卡。填写接洽卡的最佳时机是在同顾客交谈了一段时间后，而不是见面后立即提出请求。可以说“麻烦您填一下这张卡片，便于今后我们能把新产品和展览的信息通知您。”

3）在此时即可交换名片。“很高兴认识你，可否有幸跟您交换一下名片？这是我的名片，请多关照。”“这是我的名片，可以留一张名片给我吗？以便在有新品种或有优惠活动时，及时与您取得联系。”

4）交谈时，除了谈产品以外，寻找恰当的时机，多交流对方的工作、家庭，或其他感兴趣的话题，建立良好的关系。

5）多借用推销工具，如公司简介、产品宣传资料、媒体报道、售后服务流程，以及糖果、香烟、小礼物等。

(5）顾客离开时

陪同顾客走向展厅门口，送客户上车，预约下次来访时间，挥手致意，目送顾客离去。

1）放下手中其他事务，陪同顾客走向展厅门口。

2）提醒顾客清点随身携带的物品以及销售与服务的相关单据。

3）递交名片，并索要对方名片（若以前没有交换过名片）。

4）预约下次来访时间，表示愿意下次造访时仍由本销售顾问来接待，便于后续跟踪。

5）真诚地感谢顾客光临本店，期待下次会面。在展厅门外，挥手致意，目送顾客离去。

(6）顾客离去以后

10 min 之内整理洽谈桌，恢复原状，保持清洁；整理展车，调整至最初规定位置并进行清洁；当天完成顾客信息整理，并在 CRM（客户关系管理）系统中建立或更改客户档案，记录下次回访时间，制订下一步联系计划。

【能力训练】

结合展厅接待的步骤及注意事项，组织学生进行顾客接待的情境化演练（要有具体车型），每组 2 人，指导学生分别扮演顾客和营销员，完成顾客接待流程。要求每个学生训练时间在 20 min 以上，对话不少于 10 个回合。每组演练结束后，组织其他学生针对出现的问题进行发言和讨论，最后由教师做总评。

二、车辆展示与介绍

1. 汽车展示

汽车展示是指对企业的产品进行详细展示，包括规格、产品的款式、颜色等所有产品详细的信息。新车的展示会给顾客在深入了解汽车前留下“第一印象”，所以严格按照销售过程标准去做和注意展示要点是汽车展示的关键。

(1）注重汽车展示区的布置效果

1）车辆的颜色搭配。展示区域的车辆要由几种不同颜色搭配布置，避免色彩单一。

2）车辆的型号搭配。同一个品牌的不同系列的车应按车型大小及功能不同搭配展示。

3）车辆的摆放角度应让顾客感觉错落有致。

4）重点车型的摆放位置应在合适醒目的地方，或者把一些特别需要展示的车辆停在一个展台上，精心布置周围环境。

5）确保资料架上每一车型有充足的产品单页，便于客户取阅。

(2) 注重展示汽车的各个细节

1）销售人员在展厅里要随时随地地按规范保持车辆的清洁度，确保展车全面清洁卫生，无手纹、无水痕、无灰尘。

2）轮毂中间的车标牌应与地面成水平状态，轮胎的下面应使用垫板。

3）前排座椅的角度及前排座椅与方向盘的距离要调整到适当位置。

4）调整好倒车镜、后视镜，使其处于一个合适的位置。

5）将仪表盘上的时钟调校至标准的北京时间，设置汽车广播及音箱处于最佳的使用状态。

6）展车里面放置一些印有汽车品牌标志的脚垫，以保证展车内清洁，并要注意将脚垫放正，脏了以后要及时更换。

7）要保证电瓶有充足的电。

【案例分析】

某 4S 店展厅的汽车展示分析

1. 空间设计

汽车展示厅对环境、视觉和功能有很高要求。汽车展厅的面积并不是越大越好，通常应具备相应功能，做到整洁明亮，个性鲜明。汽车展厅内应包括车辆展示区、客户休息区、业务洽谈区、客户接待区、儿童游戏区、卫生间、营销员办公区、经理和主管办公区、汽车维修区等，如图 4—2—2 所示。

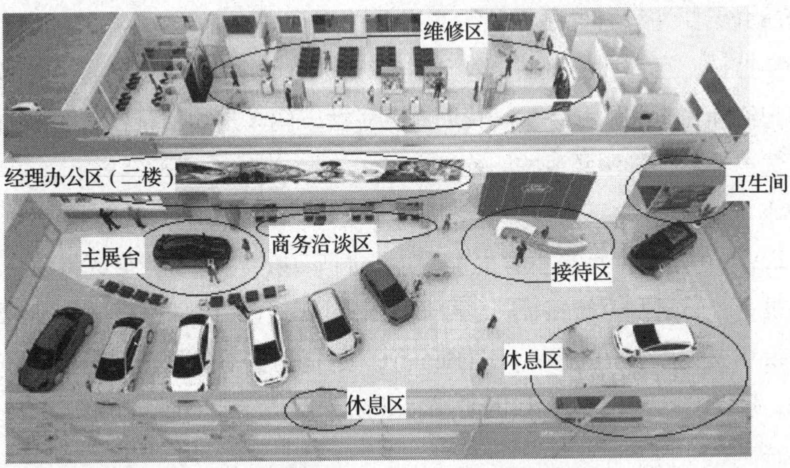

图 4—2—2　4S 店展厅分析图例

2. 参观路线

每个汽车展示厅都有自己的参观路线，门口的样车是看外观的，里面的展车可以触摸，方便客户仔细了解车辆的特性。再向里是关于这种车型的详细介绍资料，包括厂方提供的资料和媒体评论，也可由汽车销售代表采用六方位绕车介绍法对车型进行更详细、更直观的介绍。最后是商务洽谈区。如果可能，在参观过程中还可以看到修理车间的工作景象。

3. 展厅布置

布置展厅的另一个学问是摆放展车，在离门口不远处醒目的地方，应该展示车外形独特的部分。如果是像帕萨特之类侧面造型特别精美的车型，展示侧面的样车应被布置在大门正前方，并专门搭建展示台，给客户留下尽可能深刻的印象。同样，如果汽车前脸美观，也该放到主展示台上。每个展示厅都应有一个主展台，在主展台的灯光运用上，如果想突出这类车型的流线效果，就应充分利用侧光源，而非投射光源。

样车摆放距离大约在三四个车门之间。车辆间距和汽车档次也有关系，普通价格的轿车间的距离可以稍近一些，给人以汽车超市的感觉。随着汽车售价提高，车之间的距离也应拉开，像宝马、奔驰这样的层次，少放几辆压阵即可。样车展示讲究得是专业性，忌讳将不同品牌、不同型号的汽车比肩陈列，这种杂乱无章的大杂烩会让顾客缺乏安全感。

客户总希望离样车越近越好，抬头就能瞧见，所以展厅中的商务谈判区不应该离展车太远，也不要让鲜花等装饰物阻挡视线。

营销员应该在展示区边缘办公，以尽可能多地接触客户。经理和主管的位置应该在后台，但视线必须开阔，能随时掌握展厅里的动向，及时处理突发事件。总经理的办公位置要求更高，应能随时纵览整个展厅的全局。

展厅可以设置儿童游戏区。儿童游戏区应能保证儿童安全，并有专人负责儿童活动时的看护工作，其位置应相对独立，并保证能使展厅内的顾客很容易看到儿童的活动情况。

2. 汽车产品的介绍方法

汽车产品介绍要注意引导顾客从汽车产品的五个方面来考虑问题，即汽车的造型和外观、动力和操控性、空间和舒适性、安全性、高性价比。其次要探询客户对哪一方面更感兴趣，根据客户实际需求和购买动机，帮助顾客了解一辆车是如何符合其需求的，突出该款车型的特征、优势，从而加深顾客的印象。

(1) FAB产品介绍法

所谓“FAB”，是3个英文单词的缩写，F (Feature) 是指特征、特色、卖点，所销售车辆的独特设计、配置和性能特征，也可以是材料、颜色、规格等可以观察到的事实状况；A (Advantage) 是指好处、优势；B (Benefit) 是指利益，就是产品的特性和好处能给客户带来的利益。FAB产品介绍法，如图4—2—3所示。

图4—2—3 FAB介绍法

每一款汽车，无论其如何设计、如何制造，都有其对应的消费群体。但在客户购买使用之前，并不清楚该车会给他们带来什么样的利益。因此，销售人员应该不仅仅关注汽车产品的特点，更应关注汽车产品给顾客带来的利益。此时，汽车销售人员应该结合客户关注的问题，充分展示汽车产品的特点，并用 FAB 技巧将这些特点转化为他们所关心的利益，投其所好，使销售诉求的利益与客户所需要的利益相吻合，这样才能起到推销劝说的作用。

【能力训练】

分小组进行 FAB 训练。先针对不同类型的顾客需求填写 FAB 的内容，再采用角色扮演的形式进行 FAB 方法展示。

例如：

顾客需求：经常开车到各地洽谈业务，有时需要在车上过夜或较长时间休息。

F：前排座椅可以进行 12 种方式的电动调节，可以调节座椅的扶手、靠背和头枕角度及方向，并有记忆功能。

A：车子的座椅可以 180°平放，方便休息。

B：当长途驾驶感到疲劳，想要休息时，能够舒适地躺下，美美地睡上一觉，或者在车里小憩片刻，迅速解除疲劳，精神百倍。

顾客需求：

F：____

____

A：____

____

B：____

____

（2）构图讲解法

人的记忆中最有影响力的是建立形象的部分，只有客户对所介绍的产品要点留下深刻的印象（指形象方面的内容），才能建立影响客户决策的基础。

1）采用构图讲解法的好处。构图讲解法能给顾客留下深刻的印象；能增加顾客的参与感，引起顾客的共鸣；让顾客容易明白；吸引顾客注意力，激发顾客的购买欲望。

2）构图讲解法应用的三个时机

①功能叙述的时候；

②产品使用的时候；

③突出产品特点的时候。

3）构图讲解法的要点。营销员在用构图讲解法时，一定要注意设计相关人物及情节的主题故事。利用细节打动客户去设想、畅想、联想，为顾客营造出一幅幸福美满的图画，让顾客觉得这个画面非常美丽动人，从而吸引顾客对这幅美丽图画产生向往，使顾客自愿接受产品的介绍，并最终购买这一产品。

3. 汽车产品介绍的流程

汽车产品介绍的内容应包括安全性、舒适性、整车造型、优质的材料、高新技术的运用及持久的经济效益等多方面。销售人员要注意顾客的反应，及时调整介绍的内容和侧重点，积极回应不同顾客所关心的问题，尽量给顾客留下深刻的印象。通常采用六方位绕车来对汽车产品做介绍，如图 4—2—4 所示。

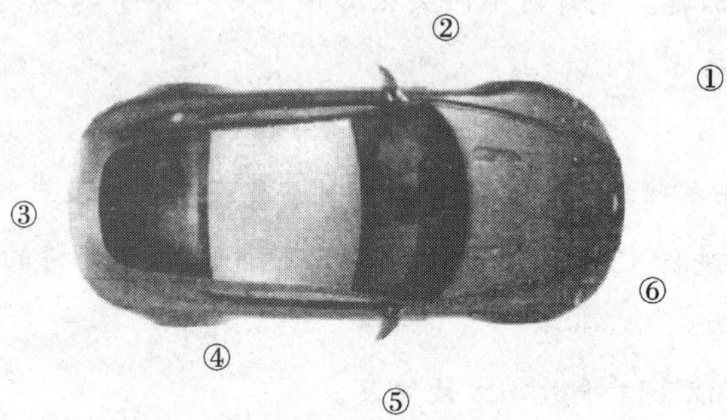

图 4—2—4 六方位绕车对汽车产品做介绍

1 号位：车头 45 度角 2 号位：驾驶座 3 号位：车身后部

4 号位：车尾部 5 号位：侧车身 6 号位：发动机舱

(1) 1 号位：车头 45 度角

汽车的正前方是顾客最感兴趣的地方。图中 1 号位置，即车头 45 度角的位置，是最有利于看清车辆特征的角度，通常可以在这个位置向顾客作产品概述，主要介绍前车灯的特性、车身高度、车型颜色和车身外形、汽车文化、保险杠的设计等。销售人员在介绍的过程中，认真观察顾客的兴趣点，让顾客喜欢上这辆车，引发其想进一步了解这辆车的兴趣。

(2) 2 号位：驾驶座

驾驶座的位置是汽车介绍的重点。应鼓励顾客进入驾驶室，引导顾客体验车内的感觉。如果顾客是驾驶员，可邀请他到驾驶座上；如果不是驾驶员，则可邀请他到座位上体验车辆的豪华、设计的造诣等。这一方位主要介绍的内容为：门锁系统、车门大角度开启、座椅、方向盘、安全气囊、安全带、仪表板、音响、空调、天窗、前雨刮等。到 2 号位置时，顾客开始进入状态，当顾客坐到驾驶座时，根据前期了解到的顾客需求，采用蹲跪的姿势向顾客有针对性地进行具体介绍。

(3) 3 号位：车身后部

到达 3 号位置时，主要介绍后备厢货门的开启、储物空间、后视窗刮水器、倒车雷达、备胎、尾灯的设计、后排座椅的特性等，车的很多附加功能可以在这里介绍。

(4) 4 号位：车尾部

在 4 号位置时，要引导顾客到车中去体验感觉，邀请顾客开门，触摸车窗玻璃、轮胎。对于会驾驶者，可以邀请其到驾驶者的位置上；对于不会驾驶者，应该邀请到其他位置体验汽车的舒适性等。

(5) 5 号位：侧车身

侧车身的位置主要介绍车门防撞钢梁、车身线条、车门把手、车窗、悬挂系统、轮胎、ABC 柱等。5 号位置是变化的，如果顾客进入车内驾驶的位置上，销售顾问应该用蹲下姿势向顾客介绍各种操作方法，如刮水器、挂挡、仪表盘、座椅的调控、转向盘的调控、安全气囊及安全带、车门车窗的控制、制动系统等。如果顾客坐在车内乘客的位置，应该给予细致的介绍，注意观察顾客感兴趣的方面。

(6) 6 号位：发动机舱

6 号位是介绍发动机的位置。如果顾客是一位有经验的驾驶员，发动机的动力表现的介绍是非常重要的一个方面。要根据顾客的情况把握介绍的内容，并要遵从顾客意愿是否对发动机进行详细介绍。在介绍发动机的位置时，营销员可将前盖打开，介绍高效、高性能发动机，低噪环保，变速箱，发动机盖隔热、隔音材料等，要根据顾客的情况调整介绍的内容及侧重点。

4. 汽车产品介绍技巧

汽车产品介绍是销售汽车的关键环节，消费者通常会从三个方面来收集决策所使用的信息：销售人员的专业水平、销售人员的可信任度、产品符合内心真实需求的匹配程度。汽车销售人员在汽车展示过程中，应具备丰富的专业产品知识以及业务知识，在与顾客的接触中寻找客户需求，并显示满足其需求的热情与服务意识，能够在适当时机显示产品的利益和价值，尤其是那些从外表不容易看到的价值点。

(1) 介绍产品时要强调客户的利益

汽车的性能不是自动表现出来的。顾客关心的不是产品的本身，而是产品所带来的利益。因此，营销员在销售汽车时应该牢记寻找客户所关心的产品性能，及时、准确地将产品性能转化为产品所带来的利益，并用客户的利益来强调产品的价值。

(2) 介绍产品时要充满信心

销售人员应该充满热情、充满信心地介绍产品。如果一个营销员对自己的产品都缺乏足够的信心和热情，顾客就会对营销员介绍的汽车感到怀疑。所以，营销员应该对自己销售的汽车充满热爱，并把这份热爱的感情传递给顾客，感染顾客，让顾客也像营销员一样喜爱这款车型，从而做出购买决定。

【阅读分析】

缺乏信心的介绍

顾客：这辆汽车真的像你说的那样省油吗？

营销员：应该是吧。

顾客：你们的服务怎么样？

营销员：还可以吧。

讨论：营销员的信心对顾客有哪些影响？如何做到在介绍产品时充满信心？

(3) 针对客户需求进行介绍，做到有的放矢

不同的客户需要不同，关注的内容也不同。这就要求销售人员在向客户推荐、介绍汽车之前，必须弄清客户的需求，有针对性地进行推荐和介绍。对于客户表明的需求或者语言暗示的需求，要着重进行介绍，以满足客户要求，具体介绍重点见表4—2—2，这将帮助营销人员建立与客户的友善关系，寻找更多话题，拉近彼此的距离。

表4—2—2　　不同类型顾客的介绍重点

客户的类型	介绍的重点
女性	汽车的安全、大存储的空间、时尚的造型、内饰、优惠的价格
男性	汽车刚毅的造型、功率、速度、越野、转向
工薪阶层	汽车的价格、油耗、维修费用、实用性
白领阶层	汽车的造型、色彩、新概念、价格
成功人士	豪华、舒适、加速性能、越野性能
熟悉汽车的客户	汽车的发动机功率、扭矩、气门数量、其他新技术
不熟悉汽车的客户	汽车的外观、内饰、仪表盘、灯具

(4) 介绍产品时不要太积极

介绍产品时，营销员态度要不卑不亢，对顾客服务要保持热情，但不要过度，也不要低声下气或傲慢无礼。有些营销员为了表明对车型的熟悉，会把其所知道的信息全部介绍给顾客，每个车型都会有自身的优点和缺点，如果没有选择性地进行介绍，顾客往往会从营销员的口中了解到起初并未发现的汽车弱点，或者其他竞争车型的优势，从而失去顾客购买汽车的机会。

【阅读材料】

营销员介绍商品太积极

客户：除了刚才您介绍的情况，我想问一下，这款车的后备厢有多大？

营销员：您真是慧眼，这款车最值得炫耀的就是506 L的后备厢，除了菲亚特的西耶那的后备厢有525 L以外，家用轿车的后备厢没有超过这一款车的，就连广州本田的锋范，号称空间设计最合理，也只有506 L。

顾客：您刚才说西耶那的后备厢有多少升？

营销员：525 L。

顾客：这不错，本田锋范也有506 L。

营销员：您是否现在就确定买这款车呢？

顾客：既然西耶那大了19 L，锋范也达到了506 L，我还是考虑一下这3款车哪一款最适合我。

讨论：营销员如何有选择性地介绍产品以强化优势？

5. 试乘试驾

试车的目的是使顾客对车辆性能有直接的感性认识，进一步加强顾客的购车欲望，并体现产品的安全、高质量的品牌内涵。

(1) 在试乘试驾之前，要确保演示车辆整洁，且燃油充足，定期进行必要的检查（如外观、性能、冷却水、机油等），保证车辆状况良好。

(2) 试乘试驾是带给客户关于车辆最直接、全面的感官冲击和真实的细节体验。销售人员要结合车辆的性能优势，设计体验项目，引导客户综合感受、体验车辆的优点，转移客户关注车辆的弱点。表4—2—3是某4S店2008款君越的试乘试驾体验项目。

表4—2—3　　某4S店2008款君越试乘试驾体验项目

体验分类	体验项目	体验感受
动力操控性	6速手自一体变速器	手动与自动的切换与操作
	ECOD－VVT2.4全铝智能发动机	低转速高扭矩：起步、加速、爬坡
	平均油耗	燃油经济性
	根据中国路况调校的底盘	颠簸、崎岖路面
	转向盘按键控制手动换挡	手动换挡的便捷，操控的乐趣
舒适性	掌中遥控可折叠钥匙	远程启动发动机、空调
	座椅加热及头枕调整	冬季的温暖
	前后双区智能恒温空调	夏季的凉爽
	转向盘调整	不同身高体形的驾驶者
	智能语音导航系统	操作简单，便于驾驶
	DVD影音播放系统	豪华尊贵的视觉感受
	HK高级音响系统	音质效果
安全性	ABS＋EBD＋TCS	制动的速度与距离、驾驶稳定
	泊车辅助实景影像系统	倒车时的方便与安全性
	驾驶人侧双曲率后视镜	转弯变道时的视角范围

(3) 销售人员应首先检查顾客的驾驶证件，了解顾客的驾驶经验。选择良好的试车路线，确保试驾过程安全。试驾前应让客户签署试乘试驾协议书，见表4—2—4。

表 4—2—4 试乘试驾协议书

车辆提供			
试乘试驾车型		牌照	
试乘试驾路线		试乘试驾时间	
顾客姓名		身份证号	
电话（手机）		地址	

__________（销售服务店）：

本人保证在本次试乘试驾过程中，严格遵守一切交通法律法规以及贵公司的安排和规定。注意行车安全，文明驾驶，确保行人和车辆安全。否则，本人愿意独自承担由此造成的一切经济损失和法律责任。

试乘试驾人员（签名）：________

销售顾问（签名）：________

日期：________

（4）根据实际情况，通常请顾客先试乘后试驾。在试驾开始前，要与试乘试驾人员的朋友进行交流和沟通，掌握试乘试驾的话语主动权，并为其分发试乘路线图。试乘阶段让顾客熟悉路况，向顾客讲解此次试驾的主要内容，向客户解释车辆操控装备和操作方法，并在发动车之前调整好座椅、内外后视镜、方向盘的位置，注意指示转向灯开关、指示雨刷器开关、换挡、大灯开关的位置等。

（5）试驾中，一切应以顾客的感受为主，让客户自己体验车辆性能，销售人员提醒体验重点，观察客户的驾驶方式，发掘更多的客户需求。若客户在试驾过程中有危险动作，且不听陪同人员劝告的，销售人员应果断终止试驾。

（6）试车完毕后，请顾客填写试乘试驾意见表，针对顾客感兴趣的方面再次有重点地强调说明，寻求与客户的共识，并解答顾客的疑问，倾听其意见，对顾客提出的问题更深入地进行交流和沟通，选择适当时机促成交易。

【能力训练】

各种车况与路况下的演示重点

准备4把椅子，一名学生扮演销售人员，任请三名学生扮演顾客及顾客的朋友（或亲属），分别坐好，模拟真实试驾过程。根据教师出示的路况卡片及顾客需求，实时地调整介绍内容。有条件的情况下，可以每4人一组，进行实际试驾演练。不同路况的演示重点见表4—2—5。

表 4—2—5 不同路况的演示重点

演示路段	演示重点
发动与怠慢	介绍如音响、空调等需发动后才能用的功能，体验怠速静肃性
起步时	请顾客体验发动机加速性、噪声、功率/扭矩的输出、变速器的换挡平顺性

续表

演示路段	演示重点
直线巡航	体验室内隔音、音响效果、悬挂系统的平顺性
减速时	体验制动时的稳定性及控制性
再加速时 （依车速选择有力的挡位）	体验传动系统灵敏度、音响效果、悬挂系统的平顺性
高速巡航	体验发动机噪声、轮胎噪声、起伏路面的舒适性、方向盘控制力
上坡时	发动机扭矩输出、轮胎抓地性
转弯时	前挡风玻璃环视角度、前座椅的包覆性、方向准确性（悬挂系统与轮胎抓地力）
行经弯道时	转弯时车辆控制性及油门控制灵敏性
空旷路段	示范行驶中使用方向盘上的音响、空调、电话控制键的便利与安全性

三、协商与交易技巧

1. 沟通技巧

对于大多数普通家庭来说，汽车无外乎是家庭的奢侈消费品，所以顾客在没有对汽车完全搞清楚之前不会草率购买。汽车销售人员与顾客进行良好沟通之后，才能了解顾客的真实需要。

（1）倾听

沟通是双向的、互动的过程。销售人员需要通过倾听来获取顾客的信息，获取顾客信息是推销成功的前提。

1）倾听的重要性

在整个的销售过程中，有一个普遍的现象：有70％的时间都是营销员在说话，而顾客只有30％的说话时间。优秀的营销员正好相反，他会让顾客尽情地说，只留给自己30％的时间，因为只有让顾客多说，营销员多倾听，才能真正了解顾客的需要，才能有针对性地进行汽车的介绍。

倾听顾客的心声对汽车销售十分重要，这主要体现在三个方面。

①倾听是对别人的尊重。专心地听取别人的讲话，是能给予别人最大的赞美。作为营销员，能够耐心倾听顾客的谈话，无形当中等于告诉对方“你是一个值得我倾听你讲话的人”。当营销员聚精会神地听对方兴高采烈的谈论的时候，顾客会有一种被尊重的感觉，可以加深彼此的感情，为销售成功创造融洽的环境。

②倾听的同时，会有更多思考的空间。营销员倾听的过程实际上也是一种思考的过程，营销员在与顾客沟通的过程中，顾客往往会提出很多想询问的问题，因此，营销员在与顾客交流的过程中，一定要注意倾听对方的喜好和需求表述，利用倾听的时机，考虑如何应对顾客提出的问题，这样就能提高营销员的应对的合理性，从而提高成交率。

③倾听可以走进顾客的心灵。大部分顾客在购买的过程中都有一种戒备的心理，往往不

愿意告诉营销员自己真实的想法。而营销员只有想办法让顾客多说话，在与顾客的沟通中，让顾客有一个愉快的心情，激起顾客的兴致，这样，顾客才会放松戒备，说出心中的想法，营销员才能找到销售的切入点。

2）倾听的技巧

①虚心倾听。销售的中心环节是沟通、联络感情，所以在倾听顾客谈话时，应持有虚心聆听的态度。

②清楚顾客的真正含义。营销员在倾听顾客谈话时，需要了解顾客的真正意图，如果只听其表面的话语是远远不够的。听顾客谈话时，营销员要学会控制自己的情绪，不要总想占主导地位。

③有积极的回应。在倾听的过程中，营销员要随对方的表情的变化而变化自己的表情，并用简单的肯定或赞赏的词语适当地表达自己的认同等。这样顾客会认为营销员在认真的聆听，而愿意更多、更深入地讲出自己的想法和观点。

④倾听的同时多多思考。据统计，人说话的速度是每分钟 100～200 字，而听话的思维速度比讲话的速度快大约 4 倍。鉴于此，营销员在聆听的同时，应充分利用这个时速差来用心思考，琢磨顾客的谈话内容。

【阅读材料】

不会倾听的后果

小王向一位客户销售汽车，交易过程十分顺利。当客户正要准备付款时，另一位销售人员跟小王谈起昨天的篮球赛，小王一边跟同事津津有味地说笑，一边伸手去接车款，不料客户却突然掉头而走，连车也不买了。小王冥思苦想了一天，不明白客户为什么对已经挑选好的汽车突然放弃。最终，他终于忍不住给客户打了一个电话，询问客户突然改变主意的理由。

图 4—2—5　不会倾听的后果

客户不高兴地在电话中告诉他："今天下午付款时，我同您谈到了我的儿子刚考上大学，是我们家的骄傲，可是您一点也没有听见，只顾跟同事谈篮球赛。"

小王明白了，这次生意失败的根本原因是因为自己没有认真倾听客户的谈话。

(2) 提问

1) 提问的基本原则

①提问应具有鼓励性

②提问应具有阶段性

③提问应具有明确性

④提问应具有客观性

2) 提问的作用

①适当的提问，可使顾客参与洽谈过程。

②促使顾客集中精力去理解和记忆营销员发出的信息。

③检验事先判断的准确性。

④检验说服工作的效果。

(3) 有效沟通的方法

1) 沟通中的概念策略

沟通中可以将产品上升为概念，在更高的层面上与顾客进行沟通。比如，汽车，销售人员可以将其引申为交通工具；价格，引申为价值等。沟通中的概念策略是指阐述产品更高的属性。沟通的问题越细，分歧就可能越大；但是谈论产品的高属性，意见十分容易趋于统一。

2) 占位主观法

每个人讲话都有一个主观的思想，先说出对方可能的立场，占领对方的思维领域，对方就会失去主观思想，另外寻找其他可替代的观点，而这恰恰是营销人员想要的结果。

3) 沟通中的有效暗示

当销售人员自信地向顾客推销时，其是能够影响顾客的。为人坦诚、自信，言谈举止稳重的销售人员，能够赢得顾客更多的信赖。销售人员保持积极的态度，进行自然、放松的交流，往往更容易得到顾客的肯定。

4) 沟通不良的原因

①只讲道理，不讲效果。

②总是想去改变别人。

③无法分清顾客的内在区别。

④口是心非，心口不一。

⑤没有站在顾客的立场去考虑问题。

【能力训练】

沟通能力训练

通过故事讨论的方法，掌握沟通中语言的表达技巧，养成良好的沟通习惯。

学生5～8人分为一组，教师给大家讲一个有趣的故事。讲述中，教师将按故事发展线索一个情节一个情节地向大家介绍，每介绍一个情节，学生预测故事接下来会如何发展。以小组为单位展开讨论，然后派代表发言，说明小组的结论。

2. 正确分析客户需求

对顾客需求的分析是销售的前提，如果没有分析顾客的需求就开始销售产品，就像在黑屋里打移动靶，击中靶的概率非常低。了解顾客的需求之后再介绍产品，就像在明亮的屋子里瞄准了移动靶，瞄准之后击中的概率会大大提高。汽车销售不是为了销售人员的需求，而是为了顾客的需求，销售人员不是卖自己认为顾客需要的产品，而是卖顾客真正需要的产品。销售人员对顾客了解得越清楚，成交的几率就会越高。

事实上，成功的销售不是如何去说服顾客，而是对顾客的需求进行全面的了解，然后再根据顾客真实的需求有针对性地介绍产品。顾客的需求往往是多方面的、不确定的，需要销售人员去分析和引导。顾客需求分析就是指通过买卖双方的持续沟通，对顾客购买产品的欲望、用途、功能、款式进行逐渐发掘，将顾客模糊的认识以精确的方式描述并展示出来的过程。

(1) 顾客需求分析的作用

1) 通过顾客需求分析，能帮助销售人员挖掘出影响购买决定的非价格因素，详细说明这些非价格因素的重要性，以降低价格因素在购买决策中所起的作用。

2) 需求分析可实现增值销售，通过了解顾客需求并与顾客沟通后，提高了顾客的认知水平，并创造了其内心要求转变的动机，使顾客想要购买的心情要比销售人员想将产品卖出的心情还要急切。

(2) 顾客需求分析的目的

通过分析顾客的需求，销售人员可以帮助顾客有目的地了解特定的需求。这种有目的的分析会提高顾客改变现状的迫切程度。当顾客想改变现状而实施购买时，这种行为是顾客的自愿行为，而不带有强迫性。这是需求分析的最重要的目的。

(3) 顾客需求分析的内容

顾客购车欲望的强化是一个渐进的过程，销售人员如果能够把握该过程中的一切细微变化和机会，将顾客潜在的需求变成显现的需求，就能够赢得顾客的青睐，最终达成交易。对顾客进行需求分析，主要有以下几个方面的内容。

1) 了解顾客的背景情况

顾客未来的购买决策目标与方向一定与其背景情况相关联，因此，销售人员可以从以下几个方面了解顾客的真实情况：购车主体、从事行业、收入状况、顾客的年龄和性别、个人喜好以及对汽车产品和经销商的了解情况等。

2）了解顾客当前面临的问题

不管顾客是否使用过汽车，是否有购买汽车的经历，他此次的购买行为一定是建立在某个问题的基础上，所以，这是销售人员和顾客达成交易前必须认真把握的问题。如果销售人员能够结合自己所销售的汽车产品的特点，进行有效的顾客需求开发，将会为后续的成交奠定良好的基础。

3）阐明解决问题所带来的利益

针对顾客需要解决的问题，让其意识到如果问题得到解决，将会带来什么样的利益，这样可以缓解顾客的心理压力。

4）让顾客意识到解决问题的重要性

针对顾客所存在的问题，让顾客意识到如果问题得不到解决，将会给其带来麻烦。销售人员要让顾客明确购车目的，把其已经挖掘出来的问题变得清晰、重要，让顾客自己意识到问题需要解决。

(4) 顾客购车需求的特点

1）顾客需求不单一

任何消费者在购买任何产品时候，都会出现这样的情况：针对顾客产生需求的原因，一部分是他们清楚的，还有一部分原因是他们没有意识到的，即使意识到了也不愿意承认。例如：购车可能是为了工作方便，出行方便，或者是为了相亲、结婚，甚至是为了提高自己的身份和地位等。

2）有些顾客对自己的需求不清楚

很多顾客自己都不知道自己到底想买什么？消费者的心理深奥莫测，他既可能是理性的，也可能是非理性的，既有有意识的方面，也有无意识的方面。

顾客需求有80%是感性的，20%是理性的，在价值不菲的汽车面前，销售人员也要关注顾客的感性需求，即顾客买得是开心，买得是尊重，买得是理解。顾客通常只告知其理性需求、主要需求，而更深层次的需求需要销售人员采取合适的机会去挖掘，如个人的偏好、关注的侧重点，这些是影响购买的真实动机。

(5) 顾客需求分析技巧

要让顾客开口说话并不容易，要想打破沉默的僵局需要采用一定的方法，让顾客说出心中所需。因此，销售人员需要掌握一些基本的技巧。

1）观察

通过对不同人群的购买风格的了解，就能大致地把握顾客的购买心理。

①观察谁是决策者，例如同事或朋友、情侣、家庭等。

②观察顾客的年龄。年龄是影响汽车消费的一个重要因素，它在一定程度上反映了顾客的工作成就、社会经验、经济实力、购买倾向、决策能力等重要问题。年龄的因素在家庭用

车的选择中表现得尤为明显，因为年龄与收入、顾客的个人事业、经历有密切的关系，最终会影响顾客的购买目标。

2）诱导

对于不同心理模式的顾客，有针对性地采取不同的方式进行诱导，让顾客开口说话，确定或引导顾客的真正需求，从而促成购买。一般有以下几种诱导方法：

①赞美诱导法

②优惠诱导法

③发问诱导法

3）探询的技巧

探询的三个阶段：开始商谈阶段、商品介绍阶段、处理异议和成交阶段。八类探询顾客需求的方式：

①承诺式探询

②恭维式探询

③反问式探询

④推测式探询

⑤选择式探询

⑥摸底式探询

⑦吸引顾客的注意力

⑧引起顾客的购买欲望

【能力训练】

顾客购车心理分析与引导

结合顾客购车心理分析与引导的步骤及注意事项，组织学生进行顾客购车心理分析与引导的情境化演练（要有具体车型），每组2人，指导学生分别扮演顾客和营销员，完成顾客购车心理分析与引导训练。要求每个学生训练时间在20分钟以上，对话不少于10个回合。每组演练结束后，组织其他学生针对出现的问题进行发言和讨论，教师做总评。

3. 处理客户异议的技巧

卡耐基说过："推销是从被拒绝时开始的，不要害怕顾客的拒绝，时刻做好迎接被顾客拒绝的准备，你才能坦然面对每一次推销，并最终成为一个优秀的推销员。"

异议处理贯穿在汽车售前、售中和售后的每一个阶段。作为汽车销售人员只有正确地认识和把握顾客异议，适时地采用恰当的方法、策略与技巧进行处理，才能最终说服顾客，促成交易。因此，正确对待和妥善处理顾客异议是销售人员必备的基本功。

处理顾客异议时，选择适时的时机来回答顾客的提问，对消除顾客异议起着决定性的作用。很多时候，同样的问题，同样的答复，只是由于回答的时机不同就会产生不同的结果。因此，选择适时的处理时机是处理顾客异议的一个好办法。销售人员应根据顾客异议的性质、销售会谈的状况，以及顾客的个性特征等具体情况来确定时机的选择，以期达到预想的效果。

销售人员选择对顾客异议答复的时机有以下几种情况。

(1) 保持沉默或推迟回答顾客提出的异议

对有些顾客异议若急于回答反倒是不明智的，此刻可选择暂时保持沉默或推迟回答。其主要原因有以下几方面。

1) 当顾客提出的一些异议，在后面的产品说明中能够更清楚解决时。

2) 异议不是用三言两语可以解决得了的。

3) 对销售人员权限外的或不能确定的事情，要承认自己无法立刻回答，但保证会迅速找到答案。

4) 异议超过了销售人员的能力水平。

5) 异议显然站不住脚、不攻自破。

6) 当顾客在还没有完全了解产品的特性及利益前，提出价格问题时，销售人员最好将这个异议延后处理。

7) 异议显得模棱两可、含糊其辞、让人费解时。

8) 异议涉及较深的专业知识，解释不易被顾客马上理解，等等。

在这些情形中，急于回答顾客此类异议是不明智的。经验表明，与其仓促回答顾客提出的十个异议，不如从容地回答一个异议。

(2) 无须回答的异议

当顾客提出许多异议时，其中有一些可能只是顾客一时的想法，顺口提一提，并不一定对交易产生大的影响，所以不必每问必答。例如，无法回答的奇谈怪论、容易造成争论的话题、废话、可一笑置之的戏言、异议具有不可辩驳的正确性、明知故问的发难，等等。

(3) 在顾客异议尚未提出时解答

防患于未然，是消除顾客异议的最好方法。销售人员争取主动，先发制人，从而避免因纠正顾客看法，或反驳顾客意见而引起顾客的不快。销售人员谈论产品的优点时，顾客很可能会从最差的方面去琢磨；有时顾客没有提出异议，但他们的表情、动作以及话语和声调却很可能有所流露，销售人员应觉察到这种变化，就可以抢先解答。

(4) 异议提出后立即回答

绝大多数异议需要立即回答。这样，既可以增强顾客购买信心，又对顾客表示了尊重。需立即处理异议的情况有：顾客提出的异议是属于他关心的重要事项时；必须处理异议后才能继续进行销售的说明时；异议处理后，能立刻下订单的。

【阅读材料】

灵活应对需求异议

在国产奥迪汽车的展厅里，李先生和他的家人正在营销员的引导下看奥迪 A4L，他们半年前就有买车的打算，价格控制在 30 万元左右，今天是第二次来这里了。第一次来的时候，通过交流，营销员得知他们买车的主要用途是谈生意。

营销员：李先生，您好，考虑了一段时间了，您决定好了吗？

李先生：上次我忘了问你了，这款车的市场定位是什么？

营销员：面向家庭的高档轿车。

李先生：如果家里人开的确很舒服，但是我们买车主要是为了谈生意，那就不太合适了。

营销员：李先生，有一点我得向您澄清，虽然这款车是面向家庭的，但在同价位的车里，奥迪车的知名度和豪华程度不亚于任何一款车。用来谈生意绝对是优中选优，开奥迪一定有助于您打动顾客的心，将每一单生意做成、做好。

李先生：哦，是这样啊！

4. 促成交易技巧

促成交易技巧是在成交的过程中，营销员在适当的时机，用以启发顾客作出购买决定，促成顾客购买的销售技巧。向顾客介绍车辆时，营销员要根据顾客的性格及其具体情况，采取不同的介绍方法，按不同顾客的特点促成交易；当向顾客报价促成交易时，更要抓住时机、讲究方法。

促成交易的几种方法：

(1) 假定成交法

营销员假定顾客已经接受销售建议，在同意购买的基础上提出一些具体的成交问题，需要顾客对某一具体问题作出答复，从而促成顾客购买。例如，营销员可以说："王先生，现在没有什么问题了吧？那您准备什么时候提车？"

(2) 利益汇总法

营销员把先前向顾客介绍的各项产品利益，以及特别获得顾客认同的地方，一起汇总，再提醒顾客，加强顾客对利益的感受，同时要求达成协议。

(3) 观察法

在与顾客面谈时须不断留意对方，在改变话题时观察顾客表现出什么样的状态。有时表情状态的改变就是改变主意的信号。例如，从不想买转变为想买，顾客的表情就会从面无表情到略带微笑地盯着销售人员的眼睛。

(4) 选择成交法

营销员通过提出选择性问句，让顾客在提供的选择范围内作出回应。要点是使顾客无法回避要还是不要的问题，让顾客说不出"不"字。

(5) 实验法

营销员可以在领悟谈话内容时多作试探。只要从顾客的实际行动与表面印象中可以看出其对于营销员所提出的事情的确感兴趣，就可作试探。如果顾客还没有决定购买，他会明白地告诉营销员，这对于营销员的试探并无伤害。如果顾客确实准备购买，那么营销员的试探可使双方都节约时间，而且还可以使自己不至于错失良机。

(6) 请求成交法

请求成交法是指营销员直接要求顾客购买其产品的一种成交方法。营销员应战胜自己，克服成交心理障碍，把握时机，主动提出成交请求。

(7) 暗示成交法

向顾客作有意的肯定暗示或购买暗示。如果营销员的话能深得人心的话，就一定能够对顾客产生影响。

(8) 订单方式成交法

在顾客表示出某种购买承诺时，营销员可以向他这样说："先生，让我来说明书面的内容吧!"并同时拿出订货单，接着说："请问大名怎么写?"如果顾客并未阻止销售人员填写订单的话，那就表示成交了。

(9) 诱之以利法

通过提问、答疑、算账等方式，向顾客提示购买所能带来的好处，以充分调动其"机会难得，不能错失良机"的心理效应，营造成交气氛。

(10) 前提条件法

当顾客已经表达了营销员是否能满足其某种需求时，营销员就应该利用顾客的需求来说服他。

【阅读材料】

把握劝购时机

营销员和两位顾客围坐在小会议桌旁，顾客认可营销员对车辆的推荐，气氛非常轻松。

营销员：这辆车的油耗比同档次同排量的车要低，外观也符合您的个性，越野性很强，底盘高，您所期望的都可以满足，而且可以说超出了您的预想。

顾客：是的，我对车的要求，你这款车都可以达到，我还是挺满意的。

营销员：是啊，价格又适中，说到价格，您准备采用什么样的付款方式?

顾客：刷卡吧，这样比较方便。

四、交车与验车

1. 交车前的准备

要做好交车工作，首先应做好交车前的准备。只有进行充分的准备，才能保证在交车过程中不出现差错。

(1) 车辆的准备

当准备把一辆新车交付给顾客使用前，汽车销售公司必须要自检该车是否合格，合格后才可以交给顾客，在交给顾客前，营销员也要对车辆作全面而细致的检查。

1）车辆性能的检查和确认

2）车辆的清洁

交车的当天必须对新车进行清洁，要做到一尘不染，在车内地板上铺上保护纸垫，车内的工具、备胎摆放整齐，要让顾客觉得这是一辆没有人开过的全新的车。

(2) 营销员的准备工作

1）交车前一天工作

①确定顾客来店提车的具体时间。

②确认顾客的付款方式。

③告知顾客交车的主要内容及所需时间。

④告知顾客交车所需要携带的资料、文件和证件。

2）交车当天的准备工作

①营销员必须保证交车区明亮、整洁、清新，最好备有桌椅、饮料、点心等。

②营销员准备好交车的资料和物品。

③营销员在展厅门口设置交车恭喜牌。

④通知销售经理、服务人员以及相关人员，告知其参与交车仪式的时间，以及顾客的信息。

2. 交车前的检查（PDI）

表 4—2—6　　　　新车检查表（PDI）

检查项目：

型号	
出厂年月	
发动机号	
车架号	
产品合格证	
外观	
在离车稍远的位置观察，车身左右高度是否对称	
风挡玻璃是否完好	
轮胎是否完好无磨损	
车表面、漆面检查	
环绕汽车一周，仔细查看油漆颜色，全车颜色是否一致	
车身表面有无划痕	
漆面有无开裂、掉漆、起泡、锈蚀	/

续表

车表面、漆面检查	
用手摸一摸有无修补痕迹，不要被脏物或灰尘遮住残伤痕迹，以此检查是不是测试车	
仔细察看车漆，如发现某一部分漆色或厚或薄，与周围不相吻合，或显现出细微的圈状刮痕，多是受过损伤后经重新喷涂美容所致	
观看漆面，以45度角仔细看发动机罩和车顶平面，因为较汽车侧立面来说，汽车上平面着漆效果最能体现喷漆工艺的水平，也是最容易暴露瑕疵的部位，无论哪一遍漆层处理得不好，都容易产生皱纹、鼓泡。喷漆工作环境卫生较差时，还容易在漆层留下斑点，自然会影响美观。车表面颜色应该协调、均匀、饱满、平整和光滑，无针孔、麻点、皱皮、鼓泡、流痕和划痕等现象，异色边界应分色清晰	
车门、机盖类检查	
检查车门缝隙是否均匀、有无过大过小处	
检查机盖缝隙是否均匀、有无过大过小处	
检查后备箱门缝隙是否均匀、有无过大过小处	
门缝胶条密封是否良好	
开门锁时不应太吃力，开启时应灵便，门轴不松旷，无噪音	
车门打开后在某个限制位是否有轻微晃动现象	
关车门时，只需稍稍用力，车门便应自动销止，且销止可靠	
车门把手开、关门是否灵活	
门窗密封条是否损坏	
车门、车内的软化内饰板应装卡到位，手推下去不应松脱	
车体防擦条及装饰线应平直，过渡圆滑，接口处缝隙一致	
检查加油口，油盖是否存在，是否过松或过紧	
车窗检查	
前后挡风玻璃有无损伤	
前风挡玻璃不眩目	
车窗玻璃透亮无波纹	
检查自动车窗升降和稳定。要多次尝试各车窗下降时是否会冲底	
车门玻璃应升降自如，上升能到顶，下降能到底	
底盘	
发动机的油底壳外壳是否有渗漏的油迹	
地面是否有滴油的痕迹	
轮胎	
备胎与其他4个轮胎规格是否相同	
检查4个轮胎的气嘴帽是否在	
轮胎气压符合要求时，在车前观看车身、保险杠、翼子板左右对称部位离地高度应一致	
检查轮胎（包括备胎）的型号和花纹是否一致，有无裂痕起泡现象	
悬挂	
可用手大力按动车身前后左右4个角，松开后，看其弹动次数，在2～3次之间为好，表示减震器性能良好	

续表

后视镜	
左、右、内后视镜应成像清晰	
电动后视镜要试验是否各个方向都能顺利操作	
左右后视镜能否折叠	/
发动机及发动机舱	
打开前盖检查电瓶、水箱是否泄漏，各部分走线是否合理，有无混乱	
认真检查车辆配件，诸如电瓶、雨刷、轮胎、机油等耗材，查看是否老化	
打开发动机盖，先检查水箱补液罐、清洗液罐、动力转向液罐、润滑油、制动液面是否正常，否则应怀疑有泄漏。液罐外表要干净，无水痕、油渍，液面在五分之三、五分之四左右，基本可算正常	
电瓶的固定桩头与电线的连线应可靠、良好，用手扳无松动现象	
查看发动机及附件有无油污、灰尘，尤其是缸盖与缸体接合处、机油滤清器接口处、空调压缩机、转向助力泵、传动轴等结合缝隙处有无渗漏。抽出机油尺，看尺上的机油是否清洁透亮，机油量应处于两刻度之间	
检查冷却液、制动液液面是否处于最大（max）和最小（min）刻度之间	
起动发动机，聆听转速情况，包括发动机起动是否快捷，运转是否轻快、连续、平稳，有无杂音、异响。回到车上，轻加油门，感受发动机加速响应是否连续，连续加速后怠速应仍然稳定	
冷车起动发动机，应起动顺利，每次时间不超过 5 s，点火一两次即可发动。起动后发动机转速应平稳，不发抖、无异响	
在冷起动时注意转速表指针的变化。当水温和机油压力正常时，观察各种仪表及报警装置工作是否正常	
下车观察排气管排烟是否正常，排气管出口排出的废气，应无烟（环境气温低时的蒸汽除外）、无味（将手放在排气口附近片刻，然后观看手上有无油迹，闻一闻是否有气味）。将手伸到排气口感觉一下排气是否连续，正常的应该是掌心有点潮湿但不应有机油味	
听一听慢加油的发动机声音是否连续和有无异响	
听急加速的声音和发动机对油门的反应是否准确和迅速	
慢收油和快收油时发动机的反应是否干净，如有滞后或者高速哨音，应该有问题	
丢油门（放松加速踏板）怠速是否稳定	
原地静止时，发动机转速达到 3 500 转是否会有不同的轰鸣声	
改变发动机转速时过渡应圆滑，仪表反应灵敏。加速时，发动机应无突爆声和断火、回火和放炮现象	
稳定于某一转速时，发动机应无异常响声，仪表显示应平稳，无明显波动	
在发动机以低、中、高速运转一段时间后，使发动机稳定于怠速（一般 800～900 r/min）运转一定时间，看发动机是否平稳，是否出现抖动和杂音	
座椅	
前排座椅可上下、前后自由移动	
真皮表皮有无刮痕	
头枕可前后上下移动	

续表

雨刷	
前后刮水器	
喷水清洁器工作是否正常	
雨刮是否刮得干净	
车灯	
检查前照灯，对称安装的灯的类型、规格、充色及照射高度应一致，变换远近灯光、亮度及照射位置应正确，不偏离、散光，各种灯的安装及光度应符合厂家出厂说明要求	
制动灯是否正常	
防雾灯是否正常	
倒车灯是否会常亮	
要加长时间测试转向灯，看是否有时候打开后一直亮着，却不闪	
检查室内各照明灯是否正常	
方向盘	
用手晃动方向盘，上下不应有间隙 ，左右自由行程不应过大，表面手感要好	
测试方向盘的前后调节是否好用	
喇叭	
按一按喇叭按钮开关，检查喇叭是否响	
离合器、制动、油门踏板	
坐好后，左脚踏离合器踏板，应感觉轻松自如，并有一小段自由行程	
冷车时：踩住离合挂各个挡位，务必要求各挡都很顺畅	
冷车时：踩住离合挂各挡，然后松开离合要求能摘挡	
右脚踩下制动踏板不放，其应保持一定高度，若其缓慢下移，则表示制动系统有遗漏现象	
油门踏板不应有犯卡、沉重、不回位的现象，腿、脚放在油门踏板上时，应自然舒适，这样才能保证长途驾驶不疲劳	
空调	
冷气是否正常	
热气是否正常	
天窗	
密闭性	
明亮无波纹	
可倾斜、可滑动、一触式	
车内设置	
CD是否能正常放音、播放、停止及各个按钮是否工作正常	
收音机是否能收听广播	
喇叭在音量80%左右是否劈	
方向盘音响遥控是否正常	
烟灰盒是否能正常进出	
中控锁是否正常	
油门遥控开启是否正常	
车门遥控开启是否正常	

3. 交车流程

交付车辆的外观及发动机舱应干净、整洁。

销售顾问应提前准备好交车所需的合同、新车销售结算单、交车检验表，以及交车的工具、光盘等。

销售顾问在交车前一日，电话告知客户到车情况，并和客户约定交车时间。交车前销售顾问和客户确认是否要撕掉保护膜，在展厅门口设置客户恭喜牌。

销售顾问在交车当天与车主确认到店时间，随时准备在展厅门口迎接客户。销售顾问引导客户入座，适当寒暄后，向客户介绍交车流程和经销商提供的可选车辆供挑选。

交车时，销售顾问准备擦车专用布和车用清洁剂，随时对有印迹的地方进行处理。销售顾问介绍车辆的具体操作和车辆使用注意事项。

销售顾问介绍车辆的维修保养手册以及保养常识，介绍车辆的保险理赔规定。

重点提醒首次保养的服务项目和公里数。

签订交车合同，按照"交车检验表"和"交车服务验收表"与客户确认交车事项。在讲解过程中不断向客户确认是否清楚了解。

将所有文件根据用途及使用频率分装在不同的交车信封里，如将需放在家里的文件和放在车里的文件区分开。

经客户同意，用胶贴将经销商的联络方式贴于驾驶室合适位置。

在专门的交车区进行交车仪式（交车仪式是让客户感受到交车的愉悦、兴奋，使客户对经销商产生深刻印象的一种仪式，建议展厅经理或销售经理参加并与客户照相留念，感谢客户等）。

销售顾问陪同客户试开所购买的新车。

销售顾问邀请客户参观售后部门，并为客户介绍一位维修部门的服务代表。

交车完毕后，销售顾问请客户填写车主问卷调查表，是包含满意度和车主基本信息的调查。为新车加足 1/4 箱油量，并明确告知客户。整个手续办理完毕后，销售顾问送客户至展厅外。

销售顾问预测客户到达目的地的时间，致电确认安全到达。

§ 4—3 销售后工作

学习目标：

1. 掌握制定汽车售后服务的基本流程。
2. 提高汽车售后服务的质量。
3. 掌握发展车主俱乐部组织的能力。

一、售后工作基本流程

售后服务是汽车流通领域的一个重要环节，其工作内容是多方面的，如汽车售出后所进行的质量保修、日常维护保养、救援、维修、信息咨询、备件供应、保险、汽车召回、汽车置换等。

售后服务的意义在于以下几方面。

1）售后服务是生产商与客户沟通、联系的纽带，可以培养客户的忠诚度。

2）售后服务是一种广告，是为公司赢得信誉的关键环节。

3）售后服务可以增强企业的竞争力。

4）售后服务可以提升销售业绩。

5）售后服务有利于产品的改进。

售后服务就像一把双刃剑，既可以对产品销售、市场推广、品牌影响和信誉起到有力的支持与促进作用；也可以使产品滞销、品牌信誉下降，甚至可以使品牌的威信扫地。

汽车售后服务的基本流程包括如下几方面，如图 4—3—1 所示。

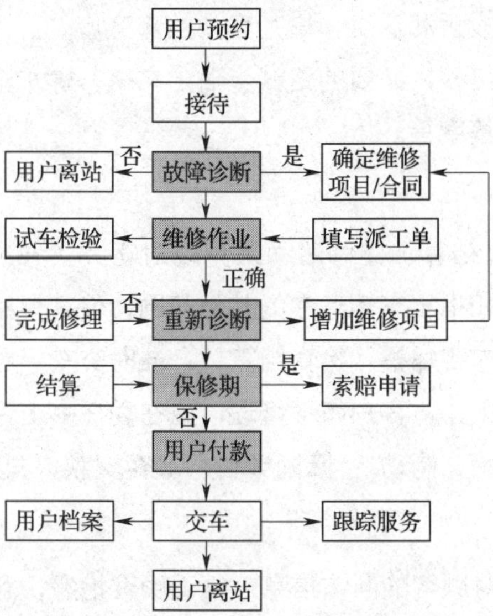

图 4—3—1　汽车售后服务的基本流程

1. 预约

预约包括经销商主动预约和客户主动预约两种，通常是以电话的形式完成。

有效的预约可以在客户到来之前对预约进行事前准备（备件、专家、工具等），减少客户在维修过程中的非维修等待时间；有效的预约还可以使接待工作井然有序，保证接待时间，使订单尽量错开，让客户得到优质服务。

2. 接待

在接待客户的时候要安排具有丰富维修经验的服务顾问，如售后业务经理、机电顾问、快修顾问、车身顾问、服务助理；其辅助人员有技术专家、技术专家助理等，要设有诊断用的专用举升机，良好的接待环境和客户休息设施，要保证接待人员同其他部门保持良好的沟通。

接待的主要业务包括：履行约定的维修任务；倾听客户描述故障，系统检查客户车辆，判断车辆故障原因；制定维修项目，估算维修价格和约定交车时间；向顾客承诺工作质量，做质量担保说明和超值服务项目说明；达成协议，完成任务委托书，客户签字确认；安排客户休息、等候或离开。

3. 维修

根据接车的安排，按照任务委托书的要求，使用专用工具和检测仪器及参考资料，对车辆进行维修与保养，查找原因，排除故障，使车辆恢复出厂的参数，达到质量要求。维修人员按要求完成委托书的维修报告等内容并签字，如有变更，需向客户通报任何对委托书的变更（项目、价格、交车时间）。

4. 质检

质检的目的是通过质检技术员对维修车辆的检验来保证维修质量达到客户的要求，防止不合格品交付给客户，避免投诉和返工，增加客户的满意度。

质检的工作包括自检、终检、必要的路试、清洁车辆、停车记录、向服务顾问说明维修过程及问题、服务顾问确认签字等。

5. 结算/交付

结算/交付的目的是通过结算、交付活动来兑现对客户关于质量、价格和时间的承诺。并通过向客户解释维修内容和指出车辆存在的其他问题，使客户感受专业的服务，增强客户的满意度和忠诚度。其主要内容包括：检查结算单；准时交车；向顾客说明订单外工作和发现的问题，需要立即进行的工作，客户如不修理，应在委托书上注明并请顾客签字；告知某些备件的剩余使用寿命（轮胎、制动）；陪同或引导顾客交款，向顾客解释发票内容。

6. 跟踪回访

跟踪回访的目的是通过对顾客的回访信息，倾听顾客抱怨，解决问题，提高服务质量和顾客满意度。

二、售后跟踪服务

“真正的销售始于售后”，所以，售后跟踪服务对于公司的稳健经营至关重要，这关系到客户是否愿意回来寻求以后的维修服务和购买零部件，以及是否可以通过客户开发新客户。售后跟踪服务的内涵在于加强公司与顾客的沟通，树立良好的企业形象，提高顾客对服务的满意度和对品牌的忠诚度，仔细分析顾客对整个服务过程的评价、建议，改进全程式服务，充分体现个性化服务，其内容包含两部分，即新车销售后的跟踪服务和汽车销售后维修保养的跟踪服务。

售后服务流程如图 4—3—2 所示。

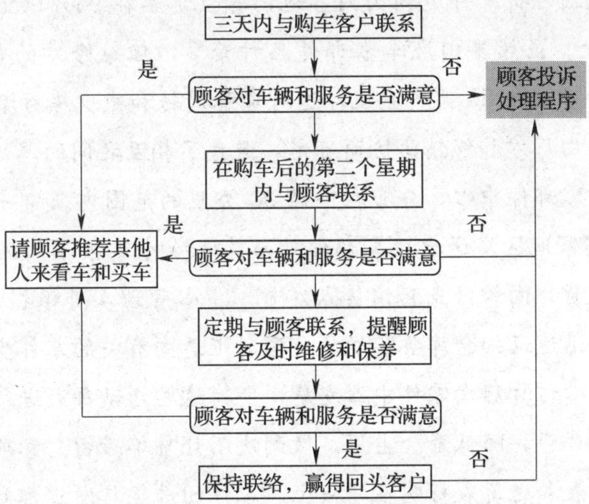

图 4—3—2 售后服务流程

【阅读材料】

丰田汽车售后服务管理案例

售后服务是竞争的重要手段，用户是市场战略的核心。日本汽车生产企业把向客户提供优良服务当作参与竞争的一种重要手段，因此，投入大量人力、物力培养人才、提高技术。每个公司都有自己相当规模的服务培训中心，为代理商及其服务网点培训人才、提供有力的技术支持。在日趋激烈的市场竞争中，产品性能使用户难以挑剔，而销售渠道的建设、灵活售车、全天候尽善尽美的服务则是竞争的重要手段，要做到最大限度地吸引用户。

以丰田为例，有资料显示，截至 2007 年，丰田汽车公司在全球有 7 300 多家的销售服务网点，有近 10 万名员工，是从事制造员工的两倍多。

丰田产品的销售和服务工作全由经销商来完成，经销商经常举行各种促销活动，组织用户试开新车，其费用均由经销商承担。在 2005 年的时候，丰田公司在日本已经有 5 000 多个经销商（维修站），分别属于 33 个销售中心。日本的维修站都销售汽车，销售是其主要功能。销售大厅面临大街，大厅内错落有序地停放着各种展车，休息洽谈区内布置简洁明快，墙上没有任何宣传和广告，绝无豪华浮夸的装饰，给人一种温馨亲切的感觉。墙上的工作卡板将整个服务工作的情况清楚地显示在客户和管理人员的前面，其中约 80% 的客户是通过预约来确定时间，这一点目前在国内还无法做到。

满意的售后服务是最难做到的，丰田的宗旨是“做用户还没想到的”。为此，他们制定了服务行动“亲切、切实、快速、合理”四个标准，要求所有的经销商都按丰田的要求和标准去做。经销商（维修站）对每一位客户都制定了用户档案（以牌照号自动编排），在每次修理之后定期和用户联系，以获取各种信息。

此外，丰田公司设有5个零部件中心，负责丰田汽车40万种零部件国内外的供应。中心在接到订单后一天内可将配件送到国内各地，其供货率在95%以上。各个经销商、维修站每天都能订货4次。虽然丰田汽车零部件品种繁多，但维修站的仓库却小得不可思议。另外配件的货款支付可以在50天内完成，这对资金周转和减少库存都是极为有利的；配件价格全国统一，价格由厂方和经销商协商确定，避免了相互之间的恶性竞争。

丰田公司的5个零部件中心，分布在半径30公里的范围内。除一个物流中心专门负责向全世界100多个国家地区发送出口零部件外，其他4个都按不同品种进行分工，专门从配套的零件生产厂进货，向维修点和销售点发货。中心管理人员根据用户，主要是零件商、修理厂，提出的要求迅速通知仓库备货发货，同时汇总向有关的零件生产厂家提出订货。生产厂家在接到零件中心订货后向零件中心发货，所有这些活动每天进行数次，选择最佳的批量以最大限度地减少库存，降低资金占用，做到决不让货单滞留。管理人员为使进货入库作业均衡化，编制进货表和送货表标明在墙板上。零件的进货与发货都要看板，每天有数十次专用车进货和发货，进货发货的车都是按板上预定时间、预定地点（货位）到达或发出，包括装卸货时间，精确度在一个小时内。仓库的自动化程度很高，无人驾驶的库内货运车到处可见。整个零件中心像一台自动化程度很高的机器，按照设计好的程序在按部就班、有条不紊地正常运转。

讨论题：汽车销售企业售后服务应该包括哪些内容？

三、销售延伸服务

汽车销售延伸服务是指汽车经销中，根据顾客需求开展的各种超出销售业务以外的服务项目，它包括：汽车保险、汽车美容与装饰、汽车分期付款、汽车俱乐部、汽车购买手续的代理服务等。

汽车销售延伸服务可以提高经销商为顾客提供的服务价值，细致、周到、高品质、全方位的服务是经销商赢得新的利益增长点、培养“忠诚顾客”的一大法宝。汽车延伸服务项目拓宽了经销商服务涵盖领域，延伸了自身的价值链，不光提高了短期效益，还能为企业获得长远利益奠定良好的基础。

1. 汽车保险

汽车保险，又称机动车辆保险，是以各种机动车辆为保险标的的保险。

(1) 汽车保险的特征

在我国，伴随汽车进入百姓的日常生活，汽车保险正成为与人们生活密切相关的经济活动，汽车保险业务促进汽车工业的发展，扩大了对汽车的需求，可以稳定社会公共秩序，在一定程度上促进汽车安全性能的提高。汽车保险的特征如下所述。

1）汽车保险属于不定值保险。

2）汽车保险的赔偿主要采取修复方式。

3）汽车保险的事故率与人为因素密切相关，保险标的出险率较高。

4）汽车所有者以保险方式转移风险，汽车保险业务量大，投保率高。

5）汽车保险利益惠及汽车的所有者与使用者（被保险人允许的驾驶人）。

6）汽车保险的被保险人自负责与无赔款优待。

驾驶员在交通事故中所负责任，车辆损失险和第三者责任险在符合赔偿规定的金额内实行绝对免赔率；保险车辆在保险期限内无赔款，续保时可以按保险费的一定比例享受无赔款优待。

7）汽车保险赔偿的多次性及一次终结性。

在汽车保险单有效的保险期限里，无论发生一次或多次保险责任范围内的车辆损失索赔，只要保险人核定的赔偿额在保险单规定的保险金额内，保险责任继续有效至保险期结束，以致会在一份保险单下出现多次赔偿额的累积高于保险单规定的保险金额的情况。但是，当中有一次事故的赔偿金额达到或超过保险额，保险责任自然终止。

【阅读资料】

汽车保险的发展

汽车保险最早诞生于英国，迄今已有100多年的历史，世界上最早签发的机动车辆保险单是1895年由英国保险公司签发的保费为10～100英镑的汽车第三者责任保险单。

20世纪初期，汽车保险业在欧美得到了迅速发展。1903年，英国创立了“汽车通用保险公司”，并逐步发展成为一家大型的专业化汽车保险公司。1906年，成立于1901年的汽车联盟也建立了自己的“汽车联盟保险公司”。到1913年，汽车保险已扩大到了20多个国家，汽车保险费率和承保办法也基本实现了标准化。1927年美国马萨诸塞州制定的举世闻名的强制汽车（责任）保险法的颁布与实施，表明了汽车第三者责任保险开始由自愿保险方式向法定强制保险方式转变。此后，汽车第三者责任法定保险很快波及世界各地。第三者责任法定保险的广泛实施，极大地推动了汽车保险的普及和发展。车损险、盗窃险、货运险等业务也随之发展起来。自20世纪50年代以来，随着欧、美、日等地区和国家汽车制造业的迅速扩张，机动车辆保险也得到了广泛的发展，并成为各国财产保险中最重要的业务险种。到20世纪70年代末期，汽车保险已占整个财产险的50%以上。

新中国成立之后，在20世纪50年代初，中国人民保险公司就开办了汽车保险。“文革”期间中断，1980年我国全面恢复国内保险业务，中国人民保险公司逐步全面恢复汽车保险业务，以适应国内企业和单位对于汽车保险的需要。到2009年，我国汽车保险业务保费收入占其总保费收入的50%以上。

（2）汽车保险分类

汽车保险主要包括机动车交通事故责任强制保险（简称“交强险”）和商业责任保险两大类。其中，商业责任保险包括车辆损失险和第三者责任险（简称“商业三责险”），以及加在两大主要险种上的若干附加保险。

1）交通事故责任强制保险

2006 年 7 月 1 日起，机动车交通意外事故责任强制保险（交强险）开始实施，它是我国第一个通过国家立法的形式予以强制实施的保险险种。交强险是指保险公司对被保险机动车发生道路交通事故造成本车人员、被保险人以外的受害人的人身伤亡、财产损失，在责任限额内予以赔偿的强制性责任保险。交强险合同中的被保险人是指投保人及其允许的合法驾驶人。投保人是指与保险人订立交强险合同，并按照合同负有支付保险费义务的机动车的所有人、管理人。交强险合同中的受害人是指因被保险机动车发生交通事故遭受人身伤亡或者财产损失的人，但不包括被保险机动车本车车上人员、被保险人。通常情况下，交强险合同的保险期限一年，以保险单载明的起止时间为准。

①交强险的特点有以下几方面

- 具有强制性
- 对第三者具有基本保障性
- 具有不可选择性
- 保险基金由政府专门管理与使用
- 以无过失责任为基础
- 具有公益性

②交强险的保险责任。在中华人民共和国境内（不含港、澳、台地区），被保险人在使用被保险机动车过程中发生交通事故，致使受害人遭受人身伤亡或者财产损失，依法应当由被保险人承担的损害赔偿责任，保险人按照交强险合同的约定对每次事故在下列赔偿限额内负责赔偿:

- 死亡伤残赔偿限额为 50 000 元
- 医疗费用赔偿限额为 8 000 元
- 财产损失赔偿限额为 2 000 元
- 被保险人无责任时，无责任死亡伤残赔偿限额为 10 000 元；无责任医疗费用赔偿限额为 1 600 元；无责任财产损失赔偿限额为 400 元

死亡伤残赔偿限额和无责任死亡伤残赔偿限额项下，负责赔偿丧葬费、死亡补偿费、受害人亲属办理丧葬事宜支出的交通费用、残疾赔偿金、残疾辅助器具费、护理费、康复费、交通费、被扶养人生活费、住宿费、误工费，被保险人依照法院判决或者调解承担的精神损害抚慰金。

医疗费用赔偿限额和无责任医疗费用赔偿限额项下，负责赔偿医药费、诊疗费、住院费、住院伙食补助费，必要的、合理的后续治疗费、整容费、营养费。

③责任免除。下列损失费用，交强险不负责赔偿和垫付。

- 向受害人故意造成的交通事故的损失
- 被保险人所有的财产及被保险机动车上的财产遭受的损失

- 被保险机动车发生交通事故，致使受害人停业、停驶、停电、停水、停气、停产、通信或者网络中断、数据丢失、电压变化等造成的损失，以及受害人财产因市场价格变动造成的贬值、修理后因价值降低造成的损失等其他各种间接损失
- 因交通事故产生的仲裁或者诉讼费用，以及其他相关费用

2）商业汽车保险

商业汽车保险分为基本险和附加险，基本险主要包括车辆损失险和第三者责任险（有些保险公司把全车盗抢险和车上人员责任险也列入基本险）。附加险包括：全车盗抢险、车上人员责任险、玻璃单独破碎险、自燃损失险、新增加设备损失险、车辆停驶损失险、无过错责任险、车载货物掉落责任险、不计免赔特约险。

①车辆损失险。保险车辆遭受责任范围内的自然灾害或意外事故，造成保险车辆本身损失，保险人依照保险合同的规定给予赔偿。

②第三者责任险。机动车辆第三者责任保险指承保车辆因发生保险事故而产生的被保险人对第三者的人身伤害及其财产损失，保险人依法承担相应的赔偿责任。“三责险”是按照《保险法》规定而成立的商业性质的保险类别之一，因而不具有强制性。

③责任免除。

A. 被保险机动车造成下列人身伤亡或财产损失，不论法律上是否应当由被保险人承担赔偿责任，保险人均不负责赔偿：

- 被保险人及其家庭成员的人身伤亡、所有或代管的财产的损失
- 被保险机动车本车驾驶人及其家庭成员的人身伤亡、所有或代管的财产的损失
- 被保险机动车本车上其他人员的人身伤亡或财产损失

B. 下列情况下，不论何种原因造成的第三者的损害赔偿责任，保险人均不负责赔偿：

- 地震
- 战争、军事冲突、恐怖活动、暴乱、扣押、收缴、没收、政府征用
- 竞赛、测试、教练，在营业性维修、养护场所修理、养护期间
- 利用被保险机动车从事违法活动
- 驾驶人饮酒、吸食或注射毒品、被药物麻醉后使用被保险机动车
- 事故发生后，被保险人或其允许的驾驶人在未依法采取措施的情况下，驾驶被保险机动车或者遗弃被保险机动车逃离事故现场，或故意破坏、伪造现场，毁灭证据
- 非被保险人允许的驾驶人使用被保险机动车
- 被保险机动车转让他人，未向保险人办理批改手续
- 除另有约定外，发生保险事故时被保险机动车无公安机关交通管理部门核发的行驶证或号牌，或未按规定检验或检验不合格

C. 下列损失和费用，保险人不负责赔偿：

- 被保险机动车发生意外事故，致使第二者停业、停驶、停电、停水、停气、停产、通信或者网络中断、数据丢失、电压变化等造成的损失，以及其他各种间接损失

- 精神损害赔偿
- 因污染（含放射性污染）造成的损失
- 第三者财产因市场价格变动造成的贬值、修理后价值降低引起的损失
- 被保险机动车被盗窃、抢劫、抢夺期间造成第三者人身伤亡或财产损失
- 被保险人或驾驶人的故意行为造成的损失
- 仲裁或者诉讼费用，以及其他相关费用

D. 应当由机动车交通事故责任强制保险赔偿的损失和费用，保险人不负责赔偿。保险事故发生时，被保险机动车未投保机动车交通事故责任强制保险或机动车交通事故责任强制保险合同已经失效的，对于机动车交通车故责任强制保险各分项赔偿限额以内的损失和费用，保险人不负责赔偿。

E. 保险人在依据本保险合同约定计算赔款的基础上，在保险单载明的责任限额内，按下列免赔率免赔：

- 负次要事故责任的免赔率为 5%，负同等事故责任的免赔率为 10%，负主要事故责任的免赔率为 15%，负全部事故责任的免赔率为 20%
- 违反安全装载规定的，增加免赔率 10%
- 投保时指定驾驶人，保险事故发生时为非指定驾驶人使用被保险机动车的，增加免赔率 10%
- 投保时约定行驶区域，保险事故发生在约定行驶区域以外的，增加免赔率 10%

④责任限额。车辆的最高赔偿限额分为以下档次：5 万元、10 万元、30 万元、50 万元、100 万元和 100 万元以上，超过 100 万元的限额必须是 50 万元的倍数

(3) 汽车保险办理程序

1) 选择保险公司

我国目前开展车辆保险业务的保险公司主要有：中国人民保险公司、平安保险公司、太平洋保险公司、华泰保险公司等。

2) 确定保险金额和计算保险费

3) 填写投保单

机动车辆保险投保单要填写下列项目：

- 投保人
- 厂牌型号
- 车辆种类
- 牌照号码
- 发动机号码及车架号
- 使用性质
- 吨位或座位
- 行驶证初次登记年月

- 保险价值（新车购置价）
- 车辆损失险保险金额的确定方式
- 附加险的保险金额或赔偿限额
- 车辆总数
- 保险期限
- 地址、邮政编码、电话、联系人、开户银行、银行账号
- 特别约定
- 投保人签章

4）保险单的签发

保险人收到投保人填具的投保单后，经审核无误后，保险人应予承诺。保险合同成立后，保险人应按时向投保人出具保险单或保险凭证，并同时开具保费收据，收取保险费。如图 4—3—3 所示为机动车投保流程。

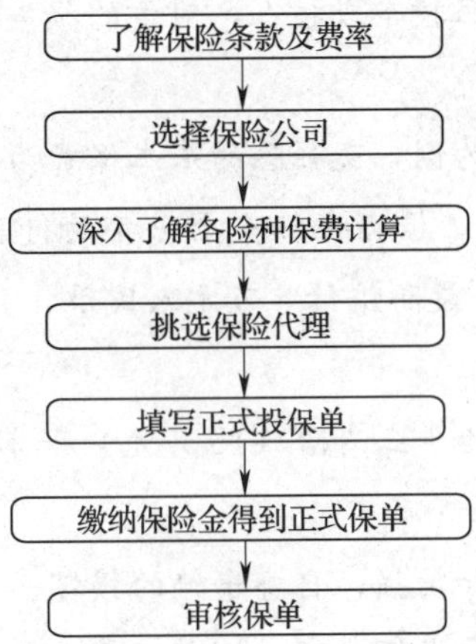

图 4—3—3　机动车投保流程

【能力训练】

保险险种的推荐

1. 每个险种推荐的理由

交强险：国家强制规定；

车损险：发生自然灾害或意外事故时，自身车辆有损坏可以获得维修补偿（进口车或高档车）；

三者险：意外事故中造成受害人的损失可以获得补偿；

座位险：自身车辆上人员受伤可以获得医疗费用补偿；

不计免赔：投保的险种中规定的免赔率，本应由自己承担的免赔金额部分可以通过保险公司赔偿；

盗抢险：整辆车被偷或被偷期间造成的损失可以获得补偿（通常是新车和停车无人

看管)；

玻璃险：车窗或前后挡风玻璃碎了，可以获得补偿（新车、常于高速或高架上行驶）；

划痕险：车辆被恶意划伤可以获得维修补偿（新车、高档车、停车无人看管）；

自燃险：车子自己发生燃烧造成的损失可以获得补偿（新车和使用3年以上的车辆）；

涉水险：暴雨或涉水行驶造成发动机损坏获得补偿。

2. 险种的组合

车主可以根据自己的经济实力与实际需求进行投保。以下方案可供参考：

(1) 最低保障方案

险种组合：机动车交通事故责任强制保险（简称“交强险”）。

保障范围：只对第三者（受害人）的人伤和物损进行赔偿。

适用对象：急于上牌照或通过年检的个人、只求便宜应付保险的人。

特点：只有最低保障，保费低，可以用来应付上牌照或验车手续。

缺点：保障额度不高，一旦撞车或撞人，对方的损失能得到保险公司的部分赔偿，但自己车辆的损失需自己承担。

举例：以家用5座的车辆为例，交强险的基本保费为1 050元（家庭6座以下的自用车基础保费统一规定为1 050元），根据每辆车上一年的行驶情况，保费还会浮动，最高可达2 010元。一旦出现理赔事故，最高赔付6万元人民币，并在此限额下实行分项限额。

(2) 基本保障方案

险种组合：交强险＋车损险＋三者险（15万元）＋车上人员险（1万元×全部座位）＋不计免赔险。

保障范围：第三者的人伤和物损、自身车辆的损坏、车上人员的伤亡。

适用对象：需一定保障及要求经济实惠的人。

特点：最为普遍的投保险种。在车损险、三者险、车上人员险中，本应该由自己承担的免赔金额部分可以通过保险公司赔偿。

缺点：车辆的保障不够全面。

三者险的最高赔偿限额只有21万（交强6万元＋15万元）；备注：对三者险可以根据投保人的具体情况进行调整，5万元、10万元、30万元等都可以。

(3) 最佳保障方案

险种组合：交强险＋车损险＋三者险（15万～50万元）＋车上人员险（1万～5万元×全部座位）＋玻璃险＋划痕险＋不计免赔

适用对象：一般个人

特点：在经济投保方案的基础上，增加了玻璃单独破碎险、车身划痕险。同时还增加了第三者责任险的保额（20万、30万、50万）。使乘客及车辆易损部分得到安全保障。投保价值大的险种，不花冤枉钱，物有所值。

备注：在投保玻璃险时，要注意选择是进口玻璃险还是国产玻璃险，两者的保费有差异。

(4) 完全保障方案

险种组合：交强险＋车损险＋三者险（20 万～50 万元）＋车上人员险（1 万～5 万元×全部座位）＋玻璃险＋划痕险＋盗抢险＋不计免赔

适用对象：资金充裕的车主。

特点：基本上汽车有关的全部事故损失都能得到赔偿。投保人不必为少保某一个险种而得不到赔偿，承担投保决策失误的损失。保障齐全，帮助车主从容上路。

缺点：保费高，某些险种出险的几率非常小。

销售情景 1：王先生，工薪阶层，收入平平，工作单位离家较远，欲购车代步。

销售情景 2：王先生，事业单位中层干部，收入颇丰，但思想传统，提倡节俭，欲购买一辆符合身份却不张扬的车辆。

销售情景 3：李女士，白领，家庭背景殷实，欲购买一辆体现个性的车辆。

结合以上资料，根据不同的销售情景，进行汽车销售及险种的推荐练习。

2. 汽车美容与装饰

随着汽车工业的发展，汽车数量日益增多，汽车美容、汽车装饰业也迅速发展壮大。

(1) 汽车装饰

汽车装饰主要指在原厂车的基础上通过加装、改装或更新车上装备和物品，以提高汽车的美观性、舒适性和安全性的行为，所增加的附属物品即为汽车装饰品。

汽车装饰分为外观设计型装饰和普通安装型装饰。通常车身装饰服务内容有：汽车太阳膜装饰、汽车音响的安装、轿车真皮座椅装饰、电气装置的安装（如车门警报装置、汽车空气清净机、车装电话、车用 CD 机、电动车窗、汽车安全气囊、巡航控制系统、防盗系统与自动门锁等）、车身附加装置的安装（如加装前头唇、裙脚、后尾唇、高位扰流板等）。

经销商在向顾客推介装饰产品时，应遵循如下原则：

1）协调原则。所选商品必须同汽车外表、车内顶部与四周的颜色配合适当。比如浅色车的内部应尽可能地避免配以深色的座套及红色的地毯等，否则容易给人一种不协调的感觉。

2）实用原则。主要是根据车内有限空间尽可能选用一些小巧、美观、实用的饰物。如前面所介绍的香水、保温杯、资料盒等饰物就符合这一原则。

3）整洁原则。即要求车内装饰需井井有条，无任何污染或杂物。同时车内所有的饰物必须便于拆下清洗或更换。

4）安全原则。主要指车内的饰物不得有碍于司机安全行车或乘坐人员安全乘车。如在前、后挡风玻璃上不宜张贴大面积的宣传标语、广告或其他图案；在车内部也不宜吊挂过长、过大的饰物等。

5）舒适原则。车内的饰物色彩应以司机本人的审美来定，只有舒适的车内环境，才可能使司机产生轻松、愉快、自在的感受，乘坐人员心情自然也好。

(2) 汽车美容

汽车美容主要包含车身美容和装饰美容，是指针对汽车各部位不同材质所需的保养条件，采用不同性质的汽车美容护理产品及施工工艺，对汽车进行全新保养护理。汽车美容包括清洗性美容、护理性美容和修复美容。清洗性美容即对汽车车身进行清洗或专用车室干洗，从而保持车身外观光彩艳丽，保持车室空气新鲜的美容作业；护理性美容指为保持车身漆面和内室件表面亮丽而进行的美容作业，通常有打蜡、漆面研磨、抛光，还原及内室件保护处理等；汽车修复美容指车身漆面或内室件表面出现某种缺陷后所进行的恢复性美容作业，其缺陷主要有漆膜病态、漆面划痕、斑点及内室件表面破损等。

汽车美容从服务内容上大体包括如下内容：

1）车身美容项目：高压洗车，去除沥青、焦油等污物，上蜡增艳与镜面处理，新车开蜡，钢圈、轮胎、保险杠翻新与底盘涂胶处理等；

2）内容美容服务：车室美容、发动机美容及行李箱清洁等；

3）漆面处理：氧化膜、飞漆、酸雨处理，漆面深浅划痕处理，漆面、板面破坏处理及整车喷漆等；

4）车辆防护：前后保险杠、各种防盗器、倒车雷达、静电放电器、汽车语音报警装置等。

3. 汽车销售的分期付款

汽车消费贷款是指银行对在其特约经销商处购买汽车的借款人发放的人民币担保贷款，又称汽车消费信贷履约保证保险、汽车消费贷款保证保险。汽车消费贷款是为贷款买车者提供的一种责任保险，是指购车人在向银行申请汽车贷款时，除将所购之车作为抵押物外，还向保险公司申请购买车贷保证保险。保险公司在其中起到担保人的角色，如借款人不能按约定还款，由保险公司向发放贷款的银行承担赔付责任。个人客户向银行贷款一般需要找担保公司进行担保，缴纳一定的手续费，用房屋或财产做抵押，保险公司在其中起到担保人的角色。

(1) 个人汽车贷款的前期准备

在个人资金不允许一次付清车款的情况下，如何贷款购车最合算，需要具备什么条件，走哪些程序，是每个想通过贷款购车的人所面临的现实问题。

1）证件准备

①借款人身份证件（居民身份证、户口簿或其他有效居留证等）以及婚姻状况证明。

②近期水、电、煤气费账单。

③有效收入证明（如工资单，附工作证、代发工资存折，或个人调节税税单等）或其他有效还款来源证明（如未抛售的股票、基金交割单、未兑现的年终分红方案和稿酬证明，或待变现其他货币收入等）。

④房产证明（不一定作为必要抵押，但作为重要的资信评定）。

⑤借款人配偶的身份证和户口簿，或有效居留证的复印件。

各大银行均依据贷款者的水、电、煤账单和月收入证明，综合年龄、职业、学历和过去的贷款记录等多方面情况，衡量消费者的还贷能力。

2）资信审查准备

除了最基本的房产证明外，最重要的还是贷款者的职业，即收入持续稳定达到一定水平，且所在单位信誉良好。一般来说都会要求消费者以所购车辆作为抵押，但由于近年车价的大幅下跌，一些银行会在实际操作中要求房产抵押。此外，除了传统的抵押、质押、担保等方式外，银行还为部分资信良好的客户提供一定的授信额度。特别是个人信用评分在 80 分（含）以上的特定借款申请人，可以信用方式申请汽车消费贷款。具体对象为：党政机关副科级（含）以上干部，教育系统具有正副高级职称人员，三甲医院主治医师，金融、邮电、通信、保险、证券、电力部门在职具有副科级（含）或副高级职称（含）以上人员，上市公司和跨国公司的高级管理人员，注册在职律师、会计师、审计师等。

若借款者从事的是医生、教师、政府公务员、律师等职业，或属于银行、证券、保险等金融领域的从业人员，或身为世界 500 强企业、上市公司的中、高层管理人员，可以免交收入证明、婚姻状况证明两项贷款申请材料。

（2）办理汽车消费贷款

在当地有固定住所、具有完全民事行为能力的自然人和经工商行政管理机关核准登记的企、事业法人都可以进行汽车消费贷款。贷款方式一般分为抵押、质押和第三方保证三种方式。

①车辆抵押。以借款人所购车辆作抵押，应以其价值全额作抵押。

②存款或有价证券质押。以贷款人认可的其他抵押物作担保，其价值必须大于贷款金额的 150%；以无争议、未做挂失，且能为贷款人依法实施有效支付的权利作质押的，其价值必须大于贷款金额的 110%。存入银行的首期款不得少于购车款的 20%，贷款最高额为购车款的 80%。以房产或依法取得的土地使用权作抵押的，存入银行的首期款不得少于购车款的 40%，贷款最高额为购车款的 60%。

③第三方保证。这是以第三方保证人作担保的，保证人应具备以下条件：

• 具有完全民事行为能力的自然人，应有本市常住户口或有效居住身份、固定住所、稳定的职业和较高的收入，以及贷款人规定的其他条件

• 除银行、保险公司以外的企（事）业法人，应具备法人资格，且资信状况良好

• 如为保险公司，须持有贷款人指定的保险公司提供的履约担保的保险单据，且担保金额原则上须大于贷款本息

第三方保证方式，存入银行的首期款不得少于购车款的 50%，贷款最高额为购车款的 60%。

(3) 汽车消费贷款程序

1) 办理机构

目前，我国主要有两类机构可以办理汽车消费信用贷款，即银行信贷机构和汽车金融服务机构。银行信贷机构除了目前的四大国有银行外，还包括很多商业银行。汽车金融服务机构则是于《汽车金融公司管理办法》颁布实施后成立的新兴机构，这些机构大都为各大汽车生产公司的专业金融服务机构。

2) 办理流程

下面以银行办理汽车消费贷款为例，介绍汽车分期付款的业务操作流程。办理贷款购车大致分为八个阶段。

第一阶段选车、贷款咨询。首先到汽车经销商那里选好车型，然后选择银行或汽车信贷中介公司。申请贷款购车应具备以下条件。

个人：①年满 18 周岁具有完全民事行为能力，在中国境内有固定住所的中国公民；②具有稳定的职业和经济收入，能保证按期偿还贷款本息；③在贷款银行开立储蓄存款户，并存入不少于规定数额的购车首期款；④能为购车贷款提供贷款银行认可的担保措施；⑤愿意接受贷款银行规定的其他条件。

法人：①具有偿还贷款能力；②能为购车贷款提供贷款银行认可的担保措施；⑧在贷款银行开立结算账户，并存入不低于规定数额的购车首期款；④愿意接受贷款银行规定的其他条件。

第二阶段准备并提供车贷所需的资料。

第三阶段客户审查。目前主要是银行、担保公司、经销商三方客户审查。

第四阶段银行批准贷款。签订贷款和购车合同并经银行审查核实后，如果认为申请者符合规定的贷款条件，就会批准申请者的贷款申请。

第五阶段银行放款。贷款合同签好后，申请者要根据协议向经销商缴纳 0～30%的首付款及其他费用。担保公司收到银行同意贷款的批复后，会先将首付款打到经销商的账户上，以帮助申请者提车。

第六阶段验车、抵押、公证。经销商收到银行的购车款后，会通知申请者和信贷公司前来验车，开具正式购车发票，提供一套完整的购车资料，申请者就可以把新车开走。拿到新车合格证后，在担保公司人员的陪同下，申请者把贷款的主合同拿到所在城市抵押办、公证处进行汽车抵押注册和合同公证。

第七阶段车管所上牌照。申请者可持发票、汽车合格证、抵押公证书等手续，到所在城市车辆购置税征收处缴纳车辆购置税，到养路费征稽处缴纳养路费。最后到所在城市车管所验车挂牌照，并办理汽车保险等。

第八阶段每月按时还贷。

(4) 期限和利率

1) 消费贷款期限可根据借款人购车的用途予以确定，自用车辆贷款期限最长不超过 5

年（含），一般为 3 年；营运车辆贷款期限最长不超过 3 年（含）。

2）利率按照中国人民银行有关规定的同期贷款利率执行。

(5) 汽车贷款的还款方式

对于期限在 1 年以内的贷款，顾客应在贷款到期日一次性还本付息、利随本清；对于期限在 1 年以上的贷款顾客可选择按月“等额本息”或“等额本金”还款方式。

【阅读材料】

福特汽车金融公司贷款案例分析

2006 年 1 月 15 日，福特汽车金融公司成为全球最大的专业汽车金融公司之一。福特继大众、丰田、通用汽车金融公司之后，通过中国银监会审批，获得了进入车贷市场的入场券。福特汽车信贷公司将于 2006 年第三季度初在中国市场开展汽车金融业务，先期将在中国市场投资 6 000 万美元。福特汽车金融公司为福特汽车所属品牌车辆的客户提供创新和高质量的金融产品，可以根据客户自身的情况，提供量身定做的分期付款方案，以满足他们的购车需求，提早实现购车愿望。优势：免户口，免担保，免房产……福特汽车金融公司承诺在 15 个工作日内回复一系列的宽松条件，在经销商展厅便可一次完成购车、分期付款、保险的所有手续，省去消费者四处办理的麻烦。关键在于收入稳定、信誉好，无须担保、无手续费，只需填写申请表，提供身份证明、收入证明等相关文件即可，福特汽车消费信贷显得更为方便，在深圳易迭福特公司现在已经有美国人、阿尔及利亚人都通过福特信贷这种方式拥有了福特汽车。

反响：据长安福特经销商—易迭福特老总张剑辉介绍，2006 年 1 月 15 日推出按揭购车业务以来，截至 5 月 15 日，在易迭福特通过福特信贷业务购车的客户，购车已经超过 200 台，占购车数量的 30%以上。客户普遍反映这项业务比起传统的车贷，手续简便，放款快捷。由于经销商与福特汽车金融公司是协作关系，所以一些信用资格较低的客户也能如愿得到车贷。长安福特的全系产品蒙迪欧、嘉年华、福克斯以及进口车翼虎、林肯领航员都可以实施信贷消费。

据销售人员透露，福特信贷与目前其他信贷公司实施的信贷政策比较，有安全性强、办理速度快、手续简单、价格低等特点，确实为需要信贷的消费者解决了诸多的麻烦。如 05 款蒙迪欧精英车型，厂家建议价为 21.78 万元，首付 30%，选择 3 年贷款期（每年 360 天计算），每日支付 146 元即可。

讨论题：

1）试述福特汽车金融公司贷款的特点。

2）福特汽车金融公司贷款与其他汽车金融公司贷款有哪些区别？

3）从个人汽车贷款的前期准备来分析，如果你准备使用福特汽车金融公司贷款，应该做什么前期准备？

4. 汽车购买手续的代理服务

作为汽车销售企业，在销售汽车的同时还应提供为客户办理好相应的证件，以及纳税缴费等事项，为客户赢得时间和精力，商家赢来信誉和收益，一举双赢。

（1）购车手续

1）机动车注册登记。

2）机动车临时行驶车号牌和移动证。

3）机动车行驶车号牌。

4）机动车登记证书（产权证）。

5）车辆购置税。

6）汽车保险。

（2）购车手续代理服务流程

汽车作为一种特殊商品，其购买及落户程序比较复杂。虽然各地的规定不同，但基本程序相差无几。购车手续代理服务可为顾客办理购车手续和缴交主要税费提供方便。顾客交付购车款项后，顾客手里应持有购车发票（发票联，报税联、注册登记联共三联，有的店也会将最后的抵扣联也交给客户）、车辆信息表、车辆合格证原件（抵压在银行的，要有复印件），持所有证件及足够资金，按下列步骤办理：

1）销售人员陪同顾客到驻场保险机构办理车辆保险手续，主要办理交强险。办理保险需要发票复印件、身份证复印件、合格证复印件。

2）销售人员陪同顾客到税务征稽处缴纳车辆购置税。

缴纳车辆购置税需要身份证复印件、车辆信息表、发票的报税联、合格证复印件。

3）销售人员陪同顾客办理验车、上牌照手续，开具车辆移动证。

验车的主要步骤有：填表→总检签字→环保审验→车辆拓号→外观检测→复印合格证→新车总检（新车审验大厅，递交以下 8 项手续：合格证原件、技术参数表、发票第四联、身份证及复印件、购置税凭证、拓印号、刚才填的注册申请表、外观检查表。同时要求必须本人到场办理）→领取回执单→领绿标→拍号（分网上拍号及现场拍号）。

注意：车在上牌照之前，新车不得做任何装饰，尤其是贴膜和倒车雷达。检车时，一定要有灭火器。

4）销售人员陪同顾客领取机动车辆牌照，车辆牌照必须由车主本人领取。

5）销售人员陪同顾客领取车辆行驶证。

根据地区不同，购车手续办理费用也不同，视当地情况而定。

5. 车主俱乐部组织

（1）汽车俱乐部的起源

1902 年，全美国拥有 2 000 辆汽车，这些车主组成以汽车救援为主的“汽车沙龙”，这是俱乐部发展的雏形。之后，这种俱乐部开始在一些国家发展起来。如 1905 年新加坡相继成立汽车俱乐部，1969 年澳大利亚成立汽车俱乐部等。

汽车俱乐部，国际上统称 AA 会，即 Automobile Association，直译为汽车协会。在我国目前这类组织都称作汽车俱乐部，以突出其“会员制”这一特定组织形式。

当今，国际上有两大汽车俱乐部组织——国际汽车运动联盟（FIA）和国际汽车旅游联盟（AIT)。在经营内容上，AIT 是汽车社会不可或缺的生活服务大总管；FIA 是体育赛事的金手指，经营管理模式也都采用“会员制”。

（2）中国汽车俱乐部的发展

中国汽车俱乐部于 1995 年开始发展，到 1999 年后逐步成熟。目前国内的汽车俱乐部的发展趋势：从区域化走向全国化，从简单化到多样化，从公益化到商业化，从国内化到国际化。对于汽车俱乐部的前景而言，首先，随着我国汽车拥有量的不断增加以及潜在的巨大市场，给汽车俱乐部带来了基础：广大的汽车消费者。其二，汽车俱乐部目前正在向服务集成化转变，为消费者提供越来越多的服务、精品等。在国内市场，卖服务比卖汽车是还要赚钱的。但是，另一方面，一个良好的俱乐部要具备充足的资金、优秀的管理及技术人才、发达的人际关系等优势，才能将俱乐部做大做强。

（3）汽车俱乐部的组织形式

汽车俱乐部是群体共性爱好的集合，是厂商强化品牌建设的手段。目前，国内汽车俱乐部根据主导方的不同可分三种形式。

1）以汽车厂商（或经销商）为主导组织的俱乐部

厂商由于在资金、技术及组织等方面的软硬件设施都是其他形式的俱乐部所不可比拟的，因此在组织此类俱乐部时具有很大的优势。但从目前来看，国内真正以厂商为主的汽车俱乐部目前还非常少，最常见的是以售后服务为目的的俱乐部。车主从经销商处买车，同时可加入其组织的品牌车主俱乐部，这在一些有实力的国产车经销商中尤为常见。

2）商业性俱乐部（也可以称品牌俱乐部）

这个俱乐部商业目的明确，服务专业规范，依靠自身品牌经营，借鉴国外汽车俱乐部理念及发展方式展开经营，像上海车圣汽车俱乐部和上海云峰网通汽车俱乐部，以及以汽车装潢美容为主的上海车之家汽车俱乐部等。

3）车主自发成立以沟通交流为主的汽车俱乐部

在一些热销国产车中，不少用户由于年龄、职业、爱好、经济状况等相近，以网络平台为依托，自发形成具有活力的俱乐部。目前，国内比较成熟的俱乐部有上海大众的菠萝派，深圳的宝来和夏利的车友俱乐部等。

（4）俱乐部运作模式的确定

目前，我国汽车用户俱乐部基本采用会员制运作模式，其运作模式的确定主要体现在以下几个方面。

1）服务于某一个特定群体，提供行车、用车、养车等系列服务，并更人性化地为群体在以汽车为平台的基础上提供更多的休闲娱乐及商务服务。对俱乐部的会员每年收取一定的会费，采用积分消费和预存费用的方式经营。会费方面的收入，加上无形的资产以及会员续会和递增及后期的服务都是用户俱乐部的利润来源。

2）除了会费作为基本的利润保证外，一定数量会员在消费、维修、保养、美容及参加活动时，各合作单位的返利及事故车保险理赔方面盈利，也会成为俱乐部利润项。

3）以合作单位加盟连锁挂靠的形式成为俱乐部的服务机构，同时也更好地为会员提供同城各区全方位的服务。

4）确定一家保险公司进行资源共享的合作，由俱乐部为其客户提供约定服务。此项利润也将会是俱乐部的营利来源，同时也可更好地服务俱乐部的客户和为保险公司争取更多的客户资源。俱乐部得到一定优惠返利及最有利的保险理赔政策。

5）利用俱乐部的影响力及政府支持成立基金会。以公益精神为所有的客户提供维权、救助等服务。同时，在社会上的弱势群体需要救助时发起慈善活动，除得到很好的名声以外，还将得到大批资金，但必须在保证本基金会的形象及服务宗旨情况下，合理运用资金。

【阅读材料】

大陆汽车俱乐部的组织

大陆汽车俱乐部（CAA）是国内首家以规范的会员制形式向驾车人提供全方位服务的汽车俱乐部，也是中国首家借鉴欧美流行的会员制为运行模式的汽车俱乐部。1996 年 4 月 1 日，大陆汽车俱乐部正式运营，并推出了一系列服务新项目。经营现状：CAA 为会员提供了两种会员卡，期限均为一年。标准卡：会员资格费 80 元，年费 300 元；通卡：会员资格费 80 元，年费 500 元。当会员卡到期后，会员可以在到期前的任何一天续会，续会时只需交纳年费，不重新注册。

会员能够享受到的服务主要包括以下三大类别。

行车保障的免费服务（也被 CAA 称为“硬服务”），包括现场急救、现场急修、拖带、送油、换胎、困境解救、换季保养等。

全面周到的便利服务（也被 CAA 称为“软服务”），包括代上牌照、代客验车、代办年检、代客驾驶、代理保险、代订客房、代订机票、代交养路费、汽车技术和交通安全咨询等；优惠服务包括保险、修车、配件、洗车、餐饮、娱乐、宾馆等。

会员体验服务：自驾车游、会员联谊活动、会员通信、会员网上社区等。

目前，国内汽车俱乐部的利润主要来自两个渠道，一个是会员的会费；另一个是通过实施汽车救援收取费用。但显然，仅靠这两部分的收入是远远不足以支撑整个俱乐部的日常运作的。业内的统一说法是，大多数汽车俱乐部正处在维持阶段，不少俱乐部还在亏损。无论是提高会费还是增加过多的额外救援费用都会损害消费者的利益，增加其不信任感。成立之初，大陆汽车俱乐部也主要依靠会员的会费和汽车救援作为主要收入来源，但后来在中国逐渐摸索出一条以代售汽车保险为主的盈利业务。

作为为车主提供业务的一部分，大陆汽车俱乐部通过和国内包括平安、太平洋等保险公司的合作，进行车险代理销售。之后发现这是最容易被会员接受，同时续签率也比较高的业务。不知不觉中，在俱乐部热线电话的特别提醒中，除了会员加入和汽车救援外，还有汽车保险代理。汽车保险也和会员卡一起，成为大陆汽车网站上首选的两大主要业务。但是，随着国内“后汽车”规模的增大，汽车保险业务正在成为各个汽车俱乐部争抢的“香饽饽”。

讨论题：

1. 大陆汽车俱乐部采取的是何种运作形式？有什么特点？

2. 收集我国现在流行的汽车俱乐部资料，分析其共同点和各自的优点。